お手軽食材で料理革命!

リュウジの

コンビニ
レストラン

リュウジ

宝島社

はじめに

便利すぎるよ、コンビニ食材！！

きっかけは料理研究の合間、お気に入りの牛乳プリンを買いに近所のファミマにぶらりと入った、ある日のこと。

何気なく店内を見渡していると、ふと〈このまま使える〉と書かれた冷凍ほうれん草が目に入りました。

「冷凍野菜って買ったことないけど、どうなんやろ……」

料理研究家という仕事柄、「一応、試してみるか」とほうれん草、ブロッコリー、インゲン、オクラなど、とりあえず手あたり次第カゴに突っ込んで、使ってみることに。

そしたら、マジでビックリ。
がっつりメインから、あと一品のおかず、小ワザを利かせたつまみまで、超簡単、しかも自由自在に作れることに気づいたんです。

「これは無限の可能性あるな!?」

そこからは冷凍野菜に限らず、もうコンビニでの料理研究に夢中。あえて「コンビニで買える食材だけ」という縛りを自分に課して、気づけば150近くものレシピが爆誕していました。

本書では、オールジャンルで選りすぐりの122レシピを紹介。もちろん僕のレシピなんで、簡単・早い・絶対旨いは保証済みです。

自炊したいのはやまやまだけど、スーパーに買い出しに行くヒマがないんじゃい！　という忙しい人。

そして、コンビニ食材に対して「ジャンクで栄養が偏る」なんてマイナスイメージを持っている人にこそ、試してもらいたい。そんなわけで、

リュウジの コンビニレストラン 開店です！！

リュウジ

Convenience Restaurant

コンビニレストラン4つの魅力

コンビニの"ジャンク"なイメージを根っこから覆すべく、スーパーの食材にも負けないくらい
栄養バランスがよく、幅広いジャンルに対応、しかも簡単で旨い！　にこだわりました。

1
ちゃんと栄養が取れる レシピ、揃ってます

コンビニ飯というと弁当やカップラーメンのイメージですが、野菜から肉、魚、米や麺と、実は食材の宝庫！　ちゃちゃっと組み合わせるだけで作れる、バランスのいいレシピを惜しみなく紹介します。

2
酒が進んで仕方ない サクッとつまみも多数

仕事帰り、「疲れたな〜」とコンビニで買うものといえば、やっぱり"酒"でしょう。でき合いのつまみや総菜もいいけど、ちょっとアレンジするだけでありえんほど酒に合い、おかずにも最適な一品に！

3
糖質オフもスイーツも。 気分に合わせてどうぞ

夜遅いからガッツリは食べられない、でもお腹は空いてる……。そんな日に助かる低糖質レシピもコンビニ食材にお任せ。逆に、今日は自分を甘やかすぞ！　ってときのスイーツもばっちりご用意してます。

4
ほぼ10分以内、 レンチン調理も多数！

時間がないからこそコンビニを活用する、ならば最短で旨いものにありつきたい！　そこで、火を使わず爆速でできるものを多数チョイス。めちゃくちゃ簡単なのに最高においしい！　を目指しました。

Convenience Restaurant

がチで使える！
コンビニ "神食材" BEST 3

ここでは、コンビニレストランに欠かせない主力メンツをご紹介。
どれも24時間いつでも買える＆常備しておけるから、
思い立ったら食べたい料理がすぐ作れるんです！ ありがたや〜〜。

食材は基本的にどこのコンビニのものでも大丈夫です。コンビニ以外で買ってももちろんOK！

1
冷凍野菜

やっぱりね、外せないです。色や形がきれいで下ゆでいらず、一袋にちょうどいい量が入ってる。生の野菜だと冷蔵庫でダメにしちゃうこともあるけど、これならいつでも新鮮な野菜が使える！ ちなみに流水解凍よりレンジ解凍のほうが、ベチャッとせずオススメです。

2
カット野菜

カット野菜も、いろんな種類があるんですよね〜。シンプルな「千切りキャベツ」から、ちょっと彩りが欲しいときに嬉しいコーンやニンジン入りの「コールスロー」、さらに何種類も入った「野菜ミックス」、カットされたネギまで。それぞれの使い道もたっぷり教えます！

3
缶詰
ハム・ベーコン類

肉や魚は消費期限があって使うのが大変だけど、コンビニで手に入る缶詰やハム・ベーコン、サラダチキンなどの保存食なら賞味期限が長いから、常備しておけば気軽に料理に使える。上で紹介した野菜や、パック米・麺と組み合わせれば立派な一品に！

Convenience Restaurant

徹底的にラクをする！ コンビニ調理術

食材がこんだけ便利なのに、それを使って作る料理が面倒くさかったら意味ないですよね。
ってことで、調理法もできるだけラクに、省ける部分はとことん省きました。
もはやライフハックの域……！

1
包丁は極力使わない

ベーコンや海鮮スティック、チンした冷凍野菜なんかは、わざわざ包丁とまな板を出すのが面倒なんで、手でちぎっちゃいます。洗い物も減るし、そのほうが意外と食感もいいですよ。

2
野菜の袋も調理道具！

カット野菜の袋にベーコンや調味料を入れ、袋の口を持ってシャカシャカ、混ぜ混ぜ。これだけで作れるレシピもたくさん載せてます。何なら、袋に入れたまま食べちゃえば、洗い物ほぼゼロ！

3
チューブ調味料に頼る

僕は普段「にんにくやしょうがは生がいい」と言ってるんですが、売ってないですよね、コンビニに。なので、今回はチューブのものを解禁してます。気楽に、無理せずがコンビニレストランのテーマです。

「映え」に使える彩り食材

万能ネギやパセリをちょっと散らすだけで、料理が格段に旨そうに見えるので、僕は常備してます。食事には、視覚の満足感も実は大切。絶対ではないけど、持っておいて損はない食材です。

お手軽食材で料理革命！
リュウジのコンビニレストラン
CONTENTS

はじめに…2
コンビニレストラン 4つの魅力…03
ガチで使える！ コンビニ"神食材"BEST3…04
徹底的にラクをする！ コンビニ調理術…05
揃えておきたい！ 基本の調味料／本書の使い方…08

PART 1
バズったメニューが大集合！
超人気レシピBEST 16

悪魔のチーズチリポテト…10
だし巻き玉子の生ハム巻き／
　サラダチキンチーズガレット…11
ベーコンチーズハッシュ…12
ペッパービーフケバブライス／
　悪魔のネギマヨ納豆餃子…13
だし漬けわさび枝豆…14
明太クリーム豆乳茶漬け／
　世界一簡単な海鮮ロール…15
野菜油うどん…16
レンジで作るシチリア風パスタ…17
エビマヨブロッコリーサンド…18
無限ツナマヨ冷凍インゲン／
　サバ缶と冷凍オクラの塩なめろう…19
いか玉スープ／アイスバーガー…20

PART 2
一皿で満足！
ごはん＆麺＆パン

ジェノバ風そうめん…22
冷やし明太豆乳そうめん／サバ汁そうめん…23
サッポロ一番 冷やしトマトラーメン／
　サッポロ一番 海老シューマイ塩そば…24
サッポロ一番 いか塩バターらーめん／
　ポパイラーメン…25
サッポロ一番 みそバター油そば／
　白身のラーメンスープ…26
カレーつけ麺…27
海苔わさびクリームパスタ…28
ペッパーバター茶スパ／
　冷凍ほうれん草のくたくたパスタ…29
揚げなす汁うどん…30
彩りペペロンうどん／ネバトロうどん…31
悪魔の釜玉そば／冷やし明太マヨそば…32
給料日前焼きそば／ポパイ焼きそば…33
チキンカレーパン／ファミチキチーズバーガー…34
なすのオーロラピザトースト／カルボトースト…35
ハニーマスタードチキンサンド…36
ハムエッグブロッコリーサンド…37
半熟たまごかけごはん…38
しらす納豆ユッケTKG／とろたまオクラ納豆丼…39
納豆腐丼…40
めかぶ豆腐丼／鮭バター豆腐丼…41
給料日前ステーキ丼…42
サラダチキン爆弾丼／サンマ蒲焼きの卵とじ丼…43
サバ缶そぼろ丼…44
カリフォルニア丼／揚げなす丼…45
ほうれん草サラダチキンカレー／
　ファミチキンカレー…46
サバカレー／麻辣麻婆カレー…47
石焼きビビンバ風ツナチャーハン…48

ワカメチャーハン／ビッグフランクのテリマヨチャーハン…49
冷凍ブロッコリーのチーズリゾット…50
いかそうめんだしの本格中華がゆ／中華風納豆雑炊…51
卵スープチャーハン／ふかひれチャーハン…52
トマトバターリゾット／カップスンドゥブクッパ…53

COLUMN セブン-イレブンの食材だけで一品勝負！
バジルジャーマン…54

PART 3
白ごはんにプラスでOK！
バランスおかず

めかぶドレッシングサラダ…56
チョリサラ／中濃ソースコールスロー…57
揚げなすのチーズ焼き…58
揚げなすのペペロンチーノ炒め…59
ブロッコリーとしたらばのガリバタソテー…60
低糖質デパ地下風ブロッコリーサラダ／
　ブロッコリーの鮭ゆかり和え…61
無限冷凍ほうれん草／
　冷凍ほうれん草とベーコンのソテー…62
オクラとめかぶの酢の物／いかオクラ…63
からあげクン親子丼…64
やきとりのサテ風ゴマソース／
　からしタルタルやきとり…65
サバ缶のゆかり揚げ…66
サバ缶の柳川風…67
ビッグフランクのポトフ風…68
濃厚ポテサラポタージュ／
　ブロッコリーとサバ缶の豆乳ポタージュ…69
冷製豆腐トマトスープ　70
めかぶサンラータン／冷凍ほうれん草の卵スープ…71

COLUMN ファミリーマートの食材だけで一品勝負！
鶏パイタンつけそうめん…72

PART 4
爆速で優勝！
つまみ特化型レシピ

揚げなすと生ハムのタバスコマリネ…74
無限ゆで卵…75
ピザグラタン…76
チータラのイカダ焼き…77
ワカメとツナの秒殺和え／ツナマヨ新生姜…78
チャンジャ風いかキムチ／キムチのもずく和え…79
冷凍揚げなす冷や奴／サバ缶肉みそ豆腐／
　ツナとオクラのラーポン冷や奴…80
明太納豆ユッケ／冷凍揚げなすの明太炒め…82

COLUMN ローソンの食材だけで一品勝負！
煮込みホルモンうどん…83

帰遅でも太らない！ 糖質オフレシピ
韓国風豆乳豆腐そうめん／豆腐そうめん鶏そば／
　サバ缶の冷や汁そうめん風豆腐…84
カップスープ豆腐グラタン／サバみそきつねピザ…85
サラダチキンのオリーブオイルコールスロー／
　お酢チキンめかぶ…86
サラダチキンとオクラの中華がゆ／
　冷凍ブロッコリーの卵がゆ…87
豆腐バーのカルパッチョ…88

PART 5
一日を締める！至福のデザート

極上のブルーベリーソース／
　シーソルトクッキー&クリーム…90
キャラメルバターナッツ…92
スーパープッチンプリンシェイク／
　カスタードパイ風プリン…93

食材別INDEX…94

Convenience Restaurant

揃えておきたい！ 基本の調味料

僕のレシピに必ず登場する、一軍の調味料たち。ほとんどコンビニでも売ってますが、よく使うので最初にスーパーで買い揃えておくと、自炊が相当はかどります。

1　焼き肉のタレ（中辛）
2　ゴマ油
3　エクストラバージンオリーブオイル
4　酒
5　みりん（みりん風調味料でもOK）
6　白だし
7　めんつゆ（3倍濃縮）
8　しょうゆ
9　ラー油
10　七味唐辛子
11　黒コショウ
12　ドライパセリ
13　レモン汁
14　塩
15　味の素
16　粉チーズ
17　顆粒コンソメ
18　みそ（だし無添加）
19　中華調味料（ペースト）
20　バター（有塩）

ここで、突然ですが…

「よく分からない！」と言われることの多い料理用語をリュウジ式に解説します

「少し」⇒ 別になくてもそこまで味に影響ないけど、とりあえず気持ち入れろ

「ひとつまみ」⇒ これくらい入れたら、さすがに味変わるやろと思うくらい指3本でつまんで入れろ

「適量」⇒ 自分が旨いと思うまで入れろ

「一晩置く」⇒ 寝ろ（この本には出てこないけどね）

塩の量なんかは特に、人によって好みが分かれるところ。少々とか適量とかは「最後の味つけは自分が決めるんだよ」というメッセージだと思ってください！

本書の使い方

- 大さじ1は15㎖、小さじ1は5㎖です。いずれもすりきりで量ります。
- 火加減は特に表記がない場合、すべて中火で調理、加熱をしてください。
- 電子レンジの加熱時間は600Wで算出しています。500Wの場合は1.2倍の時間を目安に加熱してください。
- 電子レンジ、オーブントースターで加熱する時間はメーカーや機種によっても異なりますので、様子を見て加減してください。また、加熱する際は、付属の説明書に従って、耐熱の器やボウルなどを使用してください。
- 「温かいごはん」とあるレシピでは、コンビニで売っているパックごはんを表示通りに温めて使用してください。もちろん炊飯器で炊いたごはんでもOKです。
- 本書に掲載されているコンビニ食材は、2021年5月時点のものです。また、店舗によって取り扱い商品が異なります。

アイコンの見方

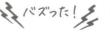 SNSでも発表し、バズっているレシピ

主に使う調理器具

 レンジ調理

 フライパン調理

 混ぜるだけ

PART 1

バズったメニューが大集合！
超人気レシピ
BEST 16

僕の数あるコンビニレシピのなかから、
まずはTwitterでバズりまくったメニューを
バリエーション豊富にとり揃え。
つまみからメイン、おかずまで、
「こんなにいろいろできるの!?」と驚くこと必至！
「コンビニ食材って実際どうなん？」と半信半疑なそこのあなた、
一度でいいからお試しください!!

悪魔のチーズチリポテト

バズった！

セブンで最強のおつまみは間違いなくコレ!!

タコスミートは1袋58kcal！普通のミートソースをかけるより罪悪感ナシ

材料（1～2人分）

セブン-イレブン「自然な味わい フライドポテト」——1袋（100g）
塩、黒コショウ——各少し
セブン-イレブン「野菜と大豆ミートのタコスミート」——1袋（80g）
スライスチーズ（溶けるタイプ）——1枚（18g）
ドライパセリ（あれば）——適量

作り方

1. フライドポテトは表示通りに電子レンジで加熱し、器に盛って塩、コショウをふる。

2. 耐熱ボウルに「タコスミート」を入れ、スライスチーズをちぎって加える。ラップをせず、電子レンジ（600W）で約50秒加熱する。

3. 1に2をのせ、あればパセリを散らす。

だし巻き玉子の生ハム巻き

玉子の甘味と生ハムの塩気がたまらん

材料（1人分）

だし巻き玉子——1パック（4切れ）
生ハム——4枚
オリーブオイル、黒コショウ——各適量

作り方

1. だし巻き玉子に生ハムを1枚ずつ巻く。
2. 器に盛り、オリーブオイルと黒コショウをかける。

白ワイン何本あっても足りないです…

サラダチキンチーズガレット

バズった！

サラダチキンは袋の上から揉むとラクにほぐせます！

TVでも大絶賛された低糖質ガレット！

材料（1～2人分）

サラダチキン——1個（110g）
ピザ用チーズ——80g
片栗粉——小さじ1
黒コショウ、ドライパセリ（あれば）——適量

作り方

1. サラダチキンは手で細かく裂いてボウルに入れる。
2. チーズ、片栗粉を加えてよく混ぜる。
3. テフロン加工のフライパンに❷を広げて入れて中火で熱し、ヘラなどで押しつけながら焼く。
4. 焼き目がついたら、フライパンのフタの上にスライドさせ、その上にフライパンを伏せてひっくり返し、もう片面を焼く。
5. 両面に焼き目がついたら器に盛り、黒コショウ、あればパセリをふる。

片栗粉が「つなぎ」になるので、ひとまとまりになるようによく混ぜる

片面が焼けたらフタに生地をスライドさせ、上にフライパンを伏せて上下を返す

ひっくり返したら、ヘラなどで押しつけるようによく焼く

ベーコンチーズハッシュ

ピザっぽい味なので タバスコも合うよ！

口の中でホロッと崩れるポテトにチーズがとろ～り！

材料（1人分）

ハッシュドポテト
（冷凍の場合は解凍する）——1個
スライスベーコン——2枚
スライスチーズ（溶けるタイプ）
——1枚
黒コショウ、ドライパセリ
（あれば）——各適量

作り方

1. ハッシュドポテトにベーコン2枚と半分に切ったチーズをのせる。
2. トースター（1000W・200℃）で、チーズに焼き目がつくまで（約7分）焼く。黒コショウ、あればパセリをふる。

ベーコンと半分に切ったチーズを2枚ずつ重ねてのせ、こんがりトースト

ペッパービーフケバブライス

バズった！

材料（1人分）

- 温かいごはん —— 200g
- セブン-イレブン「ペッパービーフ」—— 1パック（62g）
- コールスロー —— 適量
- シーザーサラダドレッシング —— 1袋
- タバスコ —— たっぷり
- ドライパセリ（あれば）—— 適量

作り方

1. 「ペッパービーフ」は耐熱容器に入れ、電子レンジ（600W）で約40秒加熱する。
2. ごはんを器に盛り、コールスロー、1を順にのせる。ドレッシング、タバスコをかけ、あればパセリを散らす。

あれば少量のカレー粉かクミンをかけると、より本格味に！

辛旨！ケバブ屋さんの味を超簡単に再現

悪魔のネギマヨ納豆餃子

バズった！

材料（1人分）

- 餃子（冷凍またはチルド）—— 6個
- 納豆（タレ、辛子つき）—— 1パック
- マヨネーズ —— 大さじ1
- 万能ネギ（小口切り）、ポン酢しょうゆ、ラー油 —— 各適量

作り方

1. 餃子は表示通りに電子レンジで加熱、またはフライパンで焼いて器に盛る。
2. ボウルに納豆、付属のタレと辛子、マヨネーズを入れてよく混ぜる。
3. 1に2をかけ、万能ネギを散らしてポン酢、ラー油をかける。

2 餃子に納豆は意外なほど合う！マヨを加えてよく混ぜて

ビールが手品みたいに消えます…！

PART 1 超人気レシピBEST16

だし漬け わさび枝豆

普通の枝豆が小料理屋の一品に大変身

材料（1〜2人分）

冷凍枝豆 —— 1袋（130g）
A │ 白だし、水 —— 各大さじ1½
　│ 練りわさび（チューブ）—— 6cm
　│ 塩 —— ひとつまみ

作り方

1. 枝豆は表示通りにレンジで解凍する。
2. ファスナー付き保存袋に**1**、Aを入れてもみ込み、冷蔵庫で約30分冷やす。

調味料に漬けたらほったらかしでOK！キンキンに冷やすのが旨さの秘訣

> おにぎりは最初に軽くチンしてもおいしいです

れんげで崩せば中から明太子がホロッ！

おにぎりトランスフォーム!!

明太クリーム豆乳茶漬け

材料（1人分）

おにぎり（辛子明太子）── 1個
A｜ 無調整豆乳 ── 100mℓ
　　白だし ── 小さじ2½
万能ネギ（小口切り）、ラー油（好みで）
　── 各適量

作り方

1. おにぎりは海苔を除いた中身を丼に入れる。
2. 鍋にAを入れて弱めの中火で熱し、フツフツと沸いたら1に注ぐ。
3. おにぎりの海苔を手でちぎって散らし、万能ネギ、好みでラー油をかける。

豆乳は熱しすぎると分離してしまうので、弱めの中火をキープして軽く沸かす

バズった！

世界一簡単な海鮮ロール

材料（1〜2人分）

おにぎり（ツナマヨネーズ）── 2個
海鮮スティック ── 1本（73g）
マヨネーズ、しょうゆ、万能ネギ
（小口切り／あれば）── 各適量

作り方

1. ラップにおにぎりの海苔を2枚並べ、その上にごはんを薄く広げる。
2. 海鮮スティックを端にのせて巻く。
3. 食べやすく切り、マヨネーズとしょうゆをかけ、あれば万能ネギを散らす。

並べた海苔の上にごはんをまんべんなく広げる

海苔をラップごと持ち上げ、手で押さえながらギュッと巻いていく

ツナマヨ×海鮮スティックで間違いない旨さ

> 切らずに恵方巻きとしても！好みでがりやたくあん添えてどうぞ

> 冷凍野菜がとにかくすごい！

栄養たっぷりの一皿が爆速で！ マジで使えるライフハック

早い、安い、旨いが揃っているので勝ちです

バズった！

野菜油うどん

材料（1人分）

冷凍うどん──1玉
冷凍肉入りカット野菜──1袋（130g）
A｜ しょうゆ、焼き肉のタレ、
　　ゴマ油──各大さじ1強
　　酢──大さじ½
　　味の素──2ふり
　　塩──ひとつまみ
卵黄──1個分
いりゴマ（白／あれば）──適量

作り方

1. 耐熱ボウルにA、肉入りカット野菜、うどんを入れる。
2. ふんわりとラップをして、電子レンジ（600W）で約7分加熱する。
3. よく混ぜて器に盛り、卵黄をのせて、あればゴマを散らす。

肉入りカット野菜もうどんも、凍ったままドーンと入れてOK

レンジで作る シチリア風パスタ

材料（1人分）

パスタ（1.6mm）——100g
ツナ缶（缶汁をきる）——½缶
冷凍揚げなす——½袋（65g）
A│トマトジュース（無塩・無糖）
　│　　——100mℓ
　│水——200mℓ
　│オリーブオイル——大さじ1
　│顆粒コンソメ——小さじ1½
　│砂糖——小さじ⅓
　│にんにく（チューブ）——5cm
　│塩——ひとつまみ
黒コショウ、ドライパセリ（あれば）
　——各適量

作り方

1 耐熱容器にパスタを半分に折って入れる。

2 ツナ、揚げなす、Aを加えて、ラップをせずに電子レンジ（600W）で約10分加熱する。一度全体を混ぜてから再び約1分30秒加熱する。

3 器に盛り、黒コショウ、あればパセリを散らす。

レンチンパスタはラップをせず、水分を飛ばしてソースを作るのがコツ

好みでタバスコ、粉チーズも合う！

揚げなすの絶妙な食感とトマトのコクが最高です

エビマヨ ブロッコリーサンド

セブンの「海老蒸し餃子」のあんは、エビの割合が多めで旨い!

プリプリのエビとブロッコリーの食感がベストマッチ!

材料(1人分)

食パン(6枚切り) —— 2枚
冷凍ブロッコリー —— ½袋(70g)
セブン-イレブン「海老蒸し餃子」
　　　　—— 1袋(88g)
A │ マヨネーズ
　　　　—— 大さじ2
　│ ケチャップ
　　　　—— 小さじ1
　│ 味の素 —— 3ふり
　│ 塩、コショウ、練りからし
　│ (チューブ) —— 各少し
バター(柔らかくしておく) —— 10g

作り方

1 ブロッコリーは表示通りにレンジで解凍して、水気をよく絞る。「海老蒸し餃子」も表示通りに温めて粗熱を取る。

2 ボウルに**1**を入れてキッチンバサミで細かく切り、**A**を加えてよく混ぜる。

3 食パン2枚のそれぞれ片面にバターを塗り、**2**をのせて挟む。ラップに包んで半分に切る。

ラップに包むことで具がはみ出さず、きれいに切れる

洗い物を減らしたい場合はラップを外してそのまま食べて

無限ツナマヨ冷凍インゲン

冷凍インゲンはカットされていないタイプも。お好きなほうでどうぞ！

材料（1～2人分）

冷凍インゲン —— 1袋（150g）
ツナ缶（缶汁をきる）—— ½缶
マヨネーズ —— 大さじ1½
味の素 —— 3ふり
塩 —— 小さじ⅕
黒コショウ —— 思ってる3倍

作り方

1. インゲンは耐熱容器に入れて表示通りにレンジで解凍し、水気をよく絞って粗熱を取る。
2. 1に残りの材料をすべて入れ、混ぜる。

つまみにも、あと一品のおかずにも

サバ缶と冷凍オクラの塩なめろう

バズった！

千葉の絶品つまみを簡単アレンジ。日本酒が欲しくなる！

材料（1人分）

冷凍オクラ —— ½袋（75g）
サバ水煮缶（缶汁をきる）—— ½缶
A｜ 白だし、ゴマ油 —— 各小さじ2
　｜ レモン汁 —— 小さじ⅔
　｜ 塩 —— ひとつまみ
　｜ 黒コショウ —— たっぷり
卵黄 —— 1個分

作り方

1. オクラは表示通りにレンジで解凍する。サバと合わせて、粘り気が出るまで包丁でよく叩く。
2. ボウルに1とAを入れてよく混ぜる。
3. 器に盛り、卵黄をのせる。

オクラの粘り気をしっかり出すように細かく叩く。サバの骨も気にならない

PART 1　超人気レシピBEST16

いか玉スープ

まさかの"あのおつまみ"が、だしたっぷりのスープに

鍋の上でキッチンバサミを使えば洗い物は最小限！

材料（1人分）

いかそうめん —— 1袋（18g）
A ┃ 酒 —— 大さじ1
　┃ 中華調味料（ペースト）—— 小さじ1
　┃ 黒コショウ —— 適量
　┃ 水 —— 350mℓ
卵 —— 1個
ゴマ油 —— 適量

作り方

① 鍋にAを入れ、いかそうめんをキッチンバサミで3〜4cm長さに切って加え、中火にかける。いかそうめんが柔らかくなったら火を止めて、溶き卵を流し入れ、固まるまで待つ。

② 卵が固まったら全体を軽く混ぜて器に盛り、ゴマ油をかける。

アイスバーガー

脳から変な麻薬的物質が出てくる気がするほど旨い…！

ほんのり塩気のビスケットと冷たいアイスが絶妙

材料（1人分）

セブン-イレブン
「発酵バター入りホットビスケット」—— ½袋（1個）
ミックスナッツ、バニラアイス —— 各適量

作り方

① 「ホットビスケット」は表示通りにレンジで解凍し、半分に割る。ナッツは包丁で刻むか、瓶の底などで砕く。

② ①のビスケットの半分にアイスをのせてナッツを散らす。ビスケットに付属のメープルシロップをかけ、もう一枚のビスケットで挟む。

PART

2

一皿で満足！
ごはん＆麺＆パン

バランスが偏りがちな麺や丼物も、
コンビニに豊富に揃う具材を組み合わせることで、
バッチリ栄養が取れる立派な一品に。腹ペコで死にそうなときや
疲れてキッチンに立つ気力がほぼゼロってときでも、パッと作れて
めちゃくちゃ旨いメニューばかりです。ぜひご賞味ください！

バジルソースと生ハムでイタリアンな一皿に

ジェノバ風そうめん

材料（1人分）

そうめん —— 90〜100g
セブン-イレブン「あえるだけのパスタソース　バジル&チーズ」—— 1袋
A｜オリーブオイル —— 小さじ1½
　｜にんにく（チューブ）—— 3cm
生ハム —— ½パック（20g）
黒コショウ、ドライパセリ、
　粉チーズ（好みで）—— 各適量

作り方

1. 鍋にお湯を沸かしてそうめんを表示通りにゆで、ザルに上げる。流水にさらして冷やし、よく水気を絞る。

2. ボウルに 1、「バジル&チーズ」、A を入れてよく混ぜる。

3. 器に盛り、生ハムを散らす。黒コショウ、パセリをふり、好みで粉チーズをかける。

そうめんの水気はよく絞ってから混ぜないと、味がぼやけるので注意して

冷やし明太豆乳そうめん

クリーミーな豆乳にピリ辛明太で濃厚な一杯に

旨すぎて
そうめん飲めます
※よく噛んでお召し上がり
ください

材料（1人分）

そうめん —— 90〜100g
辛子明太子 —— 35g
A｜無調整豆乳 —— 150mℓ
　｜白だし —— 大さじ1½
万能ネギ（小口切り）、いりゴマ（白）、ラー油
　—— 各適量

作り方

1. 明太子は皮を除いてほぐし、約5gをトッピング用にとっておく。残りの明太子とAをボウルに入れ、混ぜる。
2. 鍋にお湯を沸かしてそうめんを表示通りにゆで、ザルに上げる。流水にさらして冷やし、よく水気を絞る。
3. 2を器に盛り、1のスープをかけ、万能ネギ、ゴマ、1でとっておいた明太子をトッピングし、ラー油を回しかける。

サバ汁そうめん

普通のめんつゆに飽きたらこれ！
少ない材料でコク深い味

材料（1人分）

そうめん —— 90〜100g
サバ水煮缶 —— ½缶（95g）
A｜めんつゆ（3倍濃縮）—— 大さじ2
　｜しょうが（チューブ）—— 3cm
　｜水 —— 100mℓ
万能ネギ（小口切り）、いりゴマ（白）、ラー油
　—— 各適量

作り方

1. 鍋にお湯を沸かしてそうめんを表示通りにゆで、ザルに上げる。流水にさらして冷やし、よく水気を絞って器に盛る。
2. 別の器にサバを汁ごと入れ、Aを加えてサバを崩しながら混ぜる。万能ネギとゴマを散らし、ラー油をかける。
3. 1のそうめんを2につけながら食べる。

サッポロ一番 冷やしトマトラーメン

バズった！

トマトジュースで簡単に作る即席タレが激ウマ！

材料（1人分）

- サッポロ一番（塩） —— 1袋
- スライスベーコン（食べやすくちぎる）—— 40g
- 冷凍ブロッコリー —— ½袋（70g）
- A ｜ トマトジュース（無塩・無糖）—— 150ml
  ｜ にんにく（チューブ）—— 4cm
  ｜ 水 —— 50ml
- オリーブオイル —— 大さじ1
- 黒コショウ、粉チーズ —— 各適量

作り方

1. フライパンに、油をひかずにベーコンを入れて中火で熱し、焼き目がつくまで炒め、粗熱を取る。ブロッコリーは表示通りレンジで解凍しておく。
2. Aと麺に付属の粉末スープをボウルに入れて混ぜ、冷蔵庫に入れて冷やす。
3. 麺を表示よりやや長めにゆでてザルに上げ、冷水で冷やし、水気をよく絞って器に盛る。
4. 3に2をかけて1をのせる。オリーブオイルを回しかけ、黒コショウ、粉チーズをふり、付属のゴマを散らす。

麺を冷製にするときは長めにゆでて冷水でしめると、ちょうどいい硬さに

サッポロ一番 海老シューマイ塩そば

材料（1人分）

- サッポロ一番（塩） —— 1袋
- 海老シューマイ（冷凍）—— 6個
- 水 —— 480ml
- 酒 —— 大さじ1
- きざみ白ねぎ（小口切り）—— 1袋（40g）
- A ｜ 片栗粉 —— 小さじ2
  ｜ 水 —— 小さじ4
- ラー油 —— 適量

作り方

1. 海老シューマイは表示通りにレンジで解凍しておく。
2. 鍋に分量の水を入れて中火にかけ、沸騰したら1を箸で割りながら入れる。酒、麺も加えて煮込む。

   酒を加えるのが海老の旨味を引き出すポイント

3. 麺がほぐれたら弱火にし、白ねぎ、付属のスープを加えて混ぜる。合わせたAを加えて混ぜ、とろみがついたら器に盛る。ラー油を回しかけ、付属のゴマを散らす。

海老のだしが塩ラーメンに合う！中華屋さんの塩そば風に

シューマイの皮がワンタンのよう！

サッポロ一番 いか塩バターらーめん

いかそうめんのコリコリ食感がクセになる！

いかそうめんでうま味倍増！やみつきバター風味

材料（1人分）

- サッポロ一番（塩）——1袋
- いかそうめん——1袋（18g）
- A | 酒——大さじ1
  | 水——450㎖
- バター——10g
- 万能ネギ（小口切り）——適量

作り方

1. 鍋にA、いかそうめんを入れて中火にかける。沸騰したら麺を入れ、表示通りにゆでる。
2. 麺がほぐれたら火を止め、付属のスープを加えて混ぜ、器に盛る。バターをのせ、万能ネギ、付属のゴマを散らす。

いかそうめんは切らずに入れることで麺と一緒に食感を楽しむ

材料（1人分）

- サッポロ一番（塩）——1袋
- スライスベーコン（食べやすくちぎる）——40g
- サラダ油——小さじ1
- 水——460㎖
- 冷凍ほうれん草——½袋（75g）
- バター——10g
- 黒コショウ——適量

作り方

1. フライパンに油をひいて中火で熱し、ベーコンを入れて炒める。焼き目がついたら分量の水を加える。
2. 沸騰したら麺を入れ、麺がほぐれたらほうれん草を凍ったまま加える。再び沸騰したら火を止め、付属のスープを加えて混ぜる。
3. 器に盛り、バターをのせ、付属のゴマを散らし、黒コショウをふる。

ポパイラーメン

野菜もたっぷりとれて当然旨い！最強の一杯

ワンパンでラクチン！ベーコンの脂が溶け込んだスープに麺をIN

サッポロ一番
みそバター油そば

みそ×バターの約束された旨さ。余った材料はスープでムダなく!

材料（1人分）

サッポロ一番（みそ）——1袋
バター——10g
刻み海苔、万能ネギ（小口切り）——各適量
卵黄——1個分（卵白はスープにとっておく）

作り方

1. 鍋にお湯を沸かし、麺を表示通りにゆでる。ゆで汁は捨てずにとっておき、ザルにあげる。
2. 丼に付属のスープ小さじ2とバターを入れ、1のゆで汁大さじ1を加えて混ぜる。麺も加えてさらに混ぜる。
3. 刻み海苔、万能ネギを散らし、付属の七味をふり、卵黄をのせる。

少量のゆで汁でスープをのばし、バターと一緒に麺に絡める

白身のラーメンスープ

作り方

1. 器に、残りの付属のスープ、卵白を入れ、とっておいたゆで汁適量を加える。
2. 電子レンジ（600W）で30〜40秒加熱し、よく混ぜる。

ゆで汁の量は好みのスープの濃さになるように調整して

カレー味にだしが効いた本格派

カレーつけ麺

材料（1人分）

焼きそば用蒸し麺 —— 1袋（150g）
レトルトカレー（中辛）—— 1袋（170g）
A │ 白だし —— 大さじ1強
　│ 水 —— 大さじ5
にんにく（チューブ）—— 3cm
黒コショウ、万能ネギ（小口切り）
　　—— 各適量
好みのトッピング（煮卵、メンマ、
　チャーシューなど）—— 各適量

作り方

1. 麺は耐熱の丼に入れてふんわりとラップをし、電子レンジ（600W）で約1分30秒加熱する。

2. 別の耐熱容器にレトルトカレー、Aを入れて混ぜ、ふんわりとラップをして電子レンジ（600W）で約3分加熱する。熱いうちににんにくを加えて混ぜ、黒コショウをふり、万能ネギを散らす。

3. 1の麺に好みの具をトッピングし、2につけて食べる。

海苔わさびクリームパスタ

バズった!

材料（1人分）

- パスタ（1.6mm）——100g
- 水（パスタをゆでる用）——1ℓ
- 塩——10g
- バター——10g
- 「ごはんですよ」（または海苔の佃煮）
  ——大さじ1½
- A ┃ めんつゆ（3倍濃縮）——大さじ1弱
  ┃ 無調整豆乳——100mℓ
- 練りわさび（チューブ）——4cm
- 万能ネギ（小口切り）、「ごはんですよ」
  （または海苔の佃煮／仕上げ用）
  ——各適量

作り方

1. フライパンにバター、「ごはんですよ」、Aを入れて、弱火で熱する。
2. 鍋に分量の水と塩を入れて中火にかけ、沸騰したらパスタを入れて表示より1分短くゆで、ザルにあげる。
3. 1にとろみがついたら、2を加える。わさびを加えてサッと全体を混ぜたら火を止める。
4. 器に盛り、万能ネギと「ごはんですよ」をのせる。

火加減が強いと豆乳が泡立ってしまうため、弱火でとろみがつくまで加熱する

「ごはんですよ」を「パスタ」に使ったらマジで旨かった

ペッパーバター茶スパ

材料（1人分）

パスタ（1.6mm）——100g
A ┃ バター——8g
　┃ オリーブオイル——小さじ1
　┃ しょうゆ——小さじ½
　┃ 水——250㎖
お茶漬けの素——1袋
万能ネギ（小口切り）、黒コショウ——各適量

作り方

1. 耐熱容器に半分に折ったパスタを入れ、Aを加えてラップをせずに電子レンジ（600W）で約10分加熱する。

2. 熱いうちにお茶漬けの素を加えて混ぜ、器に盛る。万能ネギをのせ、コショウを思ってる2倍ふる。

好みでキノコを加えても旨い！ その場合は加熱時間を増やして調整を

思い立ったらすぐできる！ あられのカリカリ食感が楽しい

冷凍ほうれん草のくたくたパスタ

くたくたのほうれん草がソースに！

材料（1人分）

パスタ（1.6mm）——100g
水（パスタをゆでる用）——1ℓ
塩——10g
冷凍ほうれん草——1袋（150g）
A ┃ 顆粒コンソメ——小さじ1
　┃ 水——100㎖
バター——10g
粉チーズ——大さじ1½
黒コショウ——適量

作り方

1. 小さめのフライパンに凍ったままのほうれん草とAを入れて弱めの中火で熱し、ほうれん草をヘラなどで潰しながら約5分煮込む。

2. フライパンに分量の水と塩を入れて中火にかけ、パスタを入れて表示通りにゆで、ザルにあげる。

3. 1にバターを加え、2のパスタ、粉チーズ、黒コショウも加えてよく混ぜる。

ほうれん草は、しっかり潰しながら加熱することで麺によく絡む

PART 2　ごはん＆麺＆パン　29

揚げなす汁うどん

そうめんでも当然おいしい！

めんつゆを吸ったなすが、噛みしめるたびジュワッと旨い！

材料（1人分）

- 冷凍うどん —— 1玉（200g）
- 冷凍揚げなす —— 1袋（130g）
- A | めんつゆ（3倍濃縮）—— 50㎖
  | 酒 —— 大さじ2
  | 水 —— 100㎖
- 万能ネギ（小口切り）、ラー油 —— 各適量

作り方

1. うどん、揚げなすは表示通りにレンジで解凍する。
2. フライパンに揚げなす、Aを入れて中火にかけ、なすが柔らかくなるまで煮る。
3. 2を器に盛り、万能ネギを散らし、ラー油をかける。1のうどんをつけて食べる。

揚げなすは解凍してから調理するとサッと味が染み込んで時短になる

彩りペペロンうどん

材料（1人分）

冷凍うどん —— 1玉（200g）
冷凍ブロッコリー —— ½袋（75g）
スライスベーコン（食べやすくちぎる）
　　—— 40g
A｜にんにく（チューブ）—— 4cm
　｜赤唐辛子（小口切り）—— 1本
　｜オリーブオイル —— 大さじ1
　｜顆粒コンソメ —— 小さじ1
しょうゆ —— 小さじ½

作り方

1. 耐熱容器にブロッコリー、ベーコン、Aを入れてうどんをのせ、ふんわりとラップをして電子レンジ（600W）で約5分50秒加熱する。
2. しょうゆを加えて混ぜる。

1 材料全部まとめてチンするだけ！ 包丁すら使わずに1品が完成

ピリ辛が食欲を刺激！
火を使わず栄養たっぷり

ネバトロうどん

ごはん、そばにのせても旨い！

材料（1人分）

冷凍うどん —— 1玉（200g）
冷凍オクラ —— ½袋（75g）
納豆（タレ、からしつき）—— 1パック
味付きめかぶ —— 1パック
A｜めんつゆ（3倍濃縮）、水 —— 各大さじ1

作り方

1. うどん、オクラは表示通りにレンジで解凍する。
2. 1のオクラ、納豆、付属のタレとからし、めかぶをボウルに入れて混ぜ、器に盛ったうどんにかける。
3. 合わせたAを回しかける。

ネバネバ食材で免疫爆上がり！
食欲のない日でもスルリ

〔温〕で食べる釜玉風！のどごしまろやか

悪魔の釜玉そば

材料（1人分）

そば（乾麺）——100g
A｜めんつゆ（3倍濃縮）——大さじ2弱
　｜マヨネーズ——適量
卵——1個
万能ネギ（小口切り）、天かす、ラー油
　——各適量

作り方

1. そばは表示通りにゆでてザルに上げ、よく水気をきって器に盛る。

2. Aをかけ、卵を割り入れる。万能ネギ、天かす、ラー油を加えて混ぜながら食べる。

材料（1人分）

そば（乾麺）——100g
冷凍ブロッコリー——½袋（70g）
辛子明太子——35g
A｜マヨネーズ——大さじ2
　｜めんつゆ（3倍濃縮）——小さじ1½
　｜黒コショウ——適量
刻み海苔——適量

作り方

1. そばは表示通りにゆでてザルにあげ、流水にさらして冷やし、よく水気を絞る。ブロッコリーも表示通りにレンジで解凍し、水気を絞って食べやすく裂く。

2. 明太子は皮を除いてほぐし、約5gをトッピング用にとっておく。ボウルに残りの明太子とAを入れて混ぜ、1を加えてさらに混ぜ、器に盛る。

そばの水気はしっかりきらないと味がぼやける。明太マヨソースとよく混ぜて

3. 刻みのりを散らし、2で取っておいた残りの明太子をのせる。

冷やし明太マヨそば

目にも鮮やかな緑×ピンクで食欲倍増〜！

食べごたえ抜群！サラダそばの新提案

財布がピンチでも
リッチな気分を味わえる！

給料日前焼きそば

材料（1人分）

焼きそば用蒸し麺——1袋（150g）
サラダ油——小さじ1½＋小さじ1½
魚肉ソーセージ（薄切り）——1本（70g）
A｜めんつゆ（3倍濃縮）——小さじ2
　｜水——50ml
千切りキャベツ——½袋（75g）
カレー粉——小さじ¼
青海苔、黒コショウ、紅しょうが、
　マヨネーズ（好みで）——各適量

作り方

1. フライパンに油小さじ1½をひいて中火で熱し、麺を入れて両面に焼き目をつけ、取り出す。

2. フライパンに再び油小さじ1½をひき、魚肉ソーセージを入れて焼き目がつくまで炒める。

3. 1の麺を戻し入れ、付属の粉末ソース、Aを加えて強火で炒める。水気がなくなったらキャベツ、カレー粉を加えてサッと炒め、器に盛る。青海苔、黒コショウをふり、紅しょうがを添え、好みでマヨネーズをかけて食べる。

麺に焼き目をつけることで香ばしさが出る。どんな焼きそばにも使えるワザ

魚肉ソーセージにもしっかり焼き目をつけるのが味の決め手。ジューシーな肉感に

ほうれん草×
ベーコン×バターは
間違いない！

気力ゼロだけど何か
食べなきゃってときはコレ！

ポパイ焼きそば

材料（1人分）

焼きそば用蒸し麺——1袋（150g）
冷凍ほうれん草——½袋（75g）
スライスベーコン（食べやすくちぎる）——40g
A｜バター——8g
　｜顆粒コンソメ——小さじ1
　｜水——大さじ1
しょうゆ——小さじ½
塩、黒コショウ——各少し

作り方

1. 耐熱容器に麺、ほうれん草、ベーコン、Aを入れてふんわりとラップをして電子レンジ（600W）で約5分加熱する。

2. しょうゆ、塩、黒コショウを加えて全体を混ぜ、器に盛る。

火も包丁も使わず、洗い物が最小限で済むのが嬉しい

PART 2　ごはん&麺&パン　33

チキンカレーパン バズった!

めちゃくちゃ頭悪いけどめちゃくちゃ天才的に旨い…!

材料（1人分）

カレーパン —— 1個
ファミリーマート「ファミチキ」—— 1個

作り方

1. カレーパン、「ファミチキ」は電子レンジ（600W）でそれぞれ20〜30秒ずつ加熱する。
2. 1のカレーパンの横に切り込みを入れ、ファミチキを挟む。

ファミチキチーズバーガー バズった!

専門店に負けない肉汁たっぷりバーガー!

材料（1人分）

ファミリーマート「ふわふわファミチキバンズ」—— 1個
ファミリーマート「デミグラスソースのハンバーグステーキ」—— 1個
スライスチーズ（溶けるタイプ）—— 1枚

作り方

1. ハンバーグは表示通りに温める。
2. 下のバンズに1とチーズをのせ、上のバンズとともに電子レンジ（600W）でチーズが溶けるまで20〜30秒加熱する。
3. ハンバーグのソースをかける。

なすのオーロラピザトースト

トロッと柔らかいナスで満足感たっぷり！

材料（1人分）

食パン（6枚切り）——1枚
A｜マヨネーズ、ケチャップ——各大さじ1
　｜にんにく（チューブ）——3cm
冷凍揚げなす——½袋（65g）
塩、黒コショウ——各少し
スライスベーコン——20g
スライスチーズ（溶けるタイプ）——1枚
黒コショウ、ドライパセリ（あれば）——各適量

作り方

1. 食パンに、合わせたAを塗る。
2. 揚げなすは表示通りにレンジで解凍して塩、黒コショウをふり、1にのせる。
3. ベーコン、チーズを順にちぎってのせ、トースター（1000W・200℃）で焼き目がつくまで4〜5分焼く。仕上げに黒コショウ、あればパセリをふる。

カルボトースト

とろ〜り濃厚な卵ソースで食パンが超リッチに！

材料（1人分）

食パン（6枚切り）——1枚
A｜卵——1個
　｜顆粒コンソメ——小さじ¼
オリーブオイル——小さじ2
スライスベーコン（短冊切り）——30g
ピザ用チーズ——25g
黒コショウ——適量

作り方

1. パンはトーストしておく。
2. フライパンにオリーブオイルをひいて中火で熱し、ベーコンを炒める。焼き目がついたら火を止め、フライパンを冷ます。
3. 合わせたA、チーズを2に加えて混ぜながらごく弱火で熱し、半熟状のスクランブルエッグを作る。1にのせ、黒コショウをふる。

卵ソースはヘラでフライパンに線が引けるくらいのトロトロ加減で火を止めて

PART 2　ごはん&麺&パン　35

ハニーマスタード チキンサンド

たっぷりキャベツとサラダチキンで食べごたえ抜群！

材料（1人分）

- 食パン（6枚切り） —— 2枚
- バター（柔らかくしておく） —— 8g
- サラダチキン —— 1パック
- 千切りキャベツ —— ½袋（75g）
- A
  - マヨネーズ —— 大さじ2
  - 粒マスタード —— 大さじ1弱
  - はちみつ —— 大さじ1
  - 味の素 —— 3ふり
  - 黒コショウ —— 適量

作り方

1. 食パンのそれぞれ片面にバターを塗る。サラダチキンはスライスしておく。
2. ボウルに千切りキャベツ、Aを入れてよく混ぜる。
3. ①の食パンに②、サラダチキンをのせて挟み、ラップに包んでラップごと半分に切る。

たっぷりの具材がおいしさのポイント。全部のせられるか？じゃない、のせるんです！

これぞ"萌え断面"！からしでワンランク上の旨さ

ハムエッグブロッコリーサンド

材料（1人分）

- 食パン（6枚切り）——2枚
- 冷凍ブロッコリー——1袋（140g）
- 卵——1個
- A
  - マヨネーズ——大さじ2
  - 練りからし（チューブ）——3cm
  - 塩——小さじ1/8
  - 味の素——4ふり
  - 黒コショウ——適量
- バター（柔らかくしておく）——8g
- ロースハム——2枚

作り方

1. ブロッコリーは耐熱容器に入れて表示通りにレンジで解凍する。
2. ①に卵を割り入れ、黄身部分のみを崩す。ふんわりとラップをして電子レンジ（600W）で約1分30秒加熱する。
3. ブロッコリーをフォークで崩し、冷ましながらAを加えて混ぜる。
4. 食パンのそれぞれ片面にバターを塗り、ハムを1枚ずつのせる。③をのせて挟み、ラップに包んでラップごと半分に切る。

卵は黄身部分のみを崩しておくことでレンチンの際の爆発を防ぎ、2色のタルタルソースに

卵で
ズボラ飯！

半熟たまごかけごはん

材料（1人分）

温かいごはん —— 200g
A｜白だし —— 小さじ5
　｜水 —— 大さじ2
卵 —— 2個
万能ネギ（小口切り）
　 —— 適量

作り方

1. 陶器の丼にA、ごはんを入れ、ふんわりとラップをして電子レンジ（600W）で約2分加熱する。
2. 熱いうちに溶き卵を入れて混ぜ、万能ネギをのせる。

陶器の余熱で卵を半熟に仕上げるのが最大のコツ。プラスチックの器だとNG

半熟に仕上げた卵が絶品！二日酔いの朝にも

しらす納豆ユッケTKG

材料（1人分）

温かいごはん —— 200g
納豆（タレ、からしは除く） —— 1パック
しらす干し —— 25g
A｜焼き肉のタレ（中辛） —— 小さじ4
　｜ゴマ油 —— 小さじ1
卵 —— 1個
万能ネギ（小口切り）、いりゴマ（白）、ラー油
　—— 各適量

作り方

1. 納豆にしらす、**A**を加えて混ぜる。
2. 器に盛ったごはんにのせ、卵をのせる。
3. 万能ネギ、ゴマ、ラー油をかけて混ぜながら食べる。

全卵を使うことで味がまろやかにまとまります

いつもの食材が焼き肉のタレでやみつき味に！

とろたまオクラ納豆丼

ふわっふわトロットロの卵ダレが幸せ！

材料（1人分）

温かいごはん —— 200g
冷凍オクラ —— ½袋（75g）
卵 —— 1個
納豆（タレ、からしつき） —— 1パック
A｜しょうゆ —— 小さじ1½
　｜味の素 —— 3ふり

作り方

1. オクラは表示通りにレンジで解凍し、流水で冷やしてよく水気を絞る。
2. ボウルに **1**、卵、納豆、付属のタレとからし、**A**を加えてよく混ぜる。
3. 器に盛ったごはんに **2** をかける。

空気を抱き込むように、全体を大きく、しっかり混ぜることでまろやかに

PART 2　ごはん＆麺＆パン

豆腐でズボラ飯！

まろやかな豆腐がラー油で酒の進む丼に！

納豆腐丼
（ナットーフ）

材料（1人分）

- 温かいごはん —— 200g
- 豆腐（木綿／絹ごしでも可）—— 150g
- 納豆（タレ、からしは除く）—— 1パック
- A｜白だし —— 大さじ1
　　｜塩 —— 少し
- 卵黄 —— 1個分
- 刻み海苔、万能ネギ（小口切り）、ラー油 —— 各適量

作り方

1. ボウルに豆腐、納豆、Aを入れて混ぜる。
2. 器に盛ったごはんに1をのせ、刻み海苔を散らす。
3. 卵黄をのせ、万能ネギを散らし、ラー油を回しかける。

豆腐は崩しすぎず、少し形が残るくらいまで混ぜると食感がよくなる

めかぶ豆腐丼

材料（1人分）

温かいごはん —— 200g
豆腐（絹ごし）—— 150g
味付けめかぶ —— 1パック
白だし —— 大さじ1
天かす、ゴマ油 —— 各適量

作り方

1. ボウルに豆腐、めかぶ、白だしを入れて混ぜる。
2. 器に盛ったごはんに 1 、天かすをのせ、ゴマ油を回しかける。

全体がトロトロになるまで、豆腐とめかぶをしっかり混ぜる

時間のない朝にもスルスルいける！天かすがアクセント

鮭バター豆腐丼

材料（1人分）

温かいごはん —— 200g
バター —— 5g
豆腐（絹ごし）—— 150g
鮭フレーク —— 大さじ2（20g）
いりゴマ（白）、万能ネギ（小口切り）、
　しょうゆ —— 各適量

作り方

1. 器にごはんを盛り、バターを加えて混ぜ込む。
2. 豆腐、鮭フレークをのせ、ゴマ、万能ネギを散らして、しょうゆをかける。

先にバターライスを作っておいてから豆腐と鮭をON！

バターライスと鮭が相性バツグン！至福の一杯

満足丼

材料（1人分）

- 温かいごはん —— 200g
- 魚肉ソーセージ —— 1本
- バター —— 10g
- A
  - しょうゆ、酒、みりん —— 各大さじ1
  - にんにく（チューブ） —— 4cm
  - 味の素 —— 3ふり
- 刻み海苔、万能ネギ（小口切り）、黒コショウ —— 各適量

作り方

1. 魚肉ソーセージは長さと厚さを半分に切り、格子状に切り目を入れる。
2. フライパンにバターを入れて中火で熱し、①を入れる。両面に焼き目がついたら、合わせたAを加えて煮つめる。
3. 器に盛ったごはんに刻み海苔、万能ネギ、②の順にのせ、黒コショウをふる。

特製にんにくダレが、いい仕事します！

魚肉ソーセージにしっかり切り目を入れることでタレがよく染み込む

ステーキソースの汁気がなくなるまで煮つめ、味をつける

給料日前 ステーキ丼

簡単さと比例しない贅沢な旨さ

サラダチキン爆弾丼

材料（1人分）

温かいごはん —— 200g
冷凍オクラ —— ½袋（75g）
納豆（タレ、からしつき）—— 1パック
サラダチキン —— ½個（55g）
卵 —— 1個
A ｜ しょうゆ —— 小さじ2
　　｜ 味の素 —— 2ふり

作り方

1. オクラは表示通りにレンジで解凍する。納豆はタレ、からしを入れて混ぜる。サラダチキンは手で細かく裂く。

2. 器に盛ったごはんに 1 を盛りつけ、卵をのせる。

3. 合わせた A を回しかける。

サンマ蒲焼きの卵とじ丼

材料（1人分）

温かいごはん —— 200g
サンマ蒲焼き缶 —— 1缶（100g）
A ｜ めんつゆ（3倍濃縮）、水 —— 各大さじ1
卵 —— 2個
万能ネギ（小口切り）、七味唐辛子
　　—— 各適量

作り方

1. 耐熱ボウルにサンマを入れて崩し、A、軽く溶いた卵1個を加える。ふんわりとラップをし、電子レンジ（600W）で約1分20秒加熱して全体を軽く混ぜる。

2. 1 に残りの卵1個を軽く溶いて加え、再びふんわりとラップをして1分〜1分20秒加熱し、全体を軽く混ぜる。

3. もう一度ふんわりとラップをして半熟に固まるまで約30秒加熱し、器に盛ったごはんにのせる。万能ネギを散らし、七味をかける。

2個目の卵を入れるところ。2回に分けることで絶妙な半熟具合になる

3度目のレンチンで白身がほどよく固まれば完成！

イワシ缶でも代用OK！

卵を分けてチンして、レンジとは思えないトロトロ具合に！

サバ缶そぼろ丼

材料（1人分）

- 温かいごはん —— 200g
- 卵 —— 1個
- A | 砂糖、酒 —— 各小さじ1
    | 白だし —— 小さじ½
    | 塩 —— ひとつまみ
- サラダ油 —— 小さじ1
- ゴマ油 —— 小さじ1½
- サバ水煮缶 —— ½缶（95g）
- しょうが（チューブ）—— 3cm
- B | 酒、みりん —— 各大さじ1
    | しょうゆ、白だし —— 各小さじ1
- 万能ネギ（小口切り）—— 適量

作り方

1. フライパンにサラダ油をひいて中火で熱し、卵とAを合わせて入れ、よく炒めて卵そぼろを作る。
2. 器に盛ったごはんに 1 をのせる。
3. 空いたフライパンにゴマ油をひいて中火で熱し、サバ、しょうがを入れて炒める。Bを加え、汁気がなくなるまでさらに炒める。 2 にのせ、万能ネギをのせる。

サバはゴマ油で炒めることで、甘い卵そぼろとの風味の違いが楽しめる

甘い卵そぼろとゴマ風味のサバが最高

お手軽酢飯テクは知っておくと超便利！

甘辛のタレを吸ったなすでごはんが進む！

カリフォルニア丼

材料（1人分）

冷凍ブロッコリー —— ½袋（70g）
海鮮スティック —— 1本
A ┃ マヨネーズ —— 大さじ1½
　┃ 練りわさび（チューブ）—— 3cm
　┃ 塩 —— ひとつまみ
　┃ 味の素 —— 3ふり
温かいごはん —— 200g
B ┃ 酢 —— 小さじ2
　┃ 砂糖 —— 小さじ1½
　┃ 塩 —— ひとつまみ
刻み海苔、いりゴマ（白）、しょうゆ
　—— 各適量

作り方

1. 耐熱容器にブロッコリーを入れて表示通りにレンジで解凍し、水気をよく絞って食べやすく裂く。

2. 1に手で裂いた海鮮スティック、Aを加えて混ぜる。

3. ごはんにBを混ぜて酢飯をつくり、器に盛る。刻みのり、2を順にのせてゴマを散らし、しょうゆを回しかける。

ブロッコリーはしっかり水気をきることで味がぼやけない

ごはん＋酢＋砂糖＋塩で1人分の酢飯が手軽に作れる

揚げなす丼

材料（1人分）

温かいごはん —— 200g
冷凍揚げなす —— 1袋（130g）
サラダ油 —— 小さじ1
A ┃ めんつゆ（3倍濃縮）—— 大さじ2
　┃ 砂糖 —— 小さじ1½
　┃ 水 —— 大さじ3
万能ネギ（小口切り）、いりゴマ（白）—— 各適量
卵 —— 1個

作り方

1. 揚げなすは表示通りにレンジで解凍する。フライパンに油をひいて中火で熱し、なすを炒める。全体に油が回ったらAを加えて煮つめる。

2. 器に盛ったごはんに1をタレごとかけ、万能ネギ、ゴマを散らす。

3. 小さめの耐熱容器に水（大さじ6／分量外）、卵を割り入れ、楊枝で黄身に1か所穴をあける。ラップをせずに電子レンジ（600W）で約50秒加熱して温泉卵を作り、2にのせる。

なすはレンチンしてから煮ると、すぐに味が染み込んで時短になる

爆発防止に楊枝で黄身に1か所穴をあけて。きれいな温泉卵がレンチンで簡単に

ほうれん草サラダチキンカレー

材料（1人分）

温かいごはん —— 200g
冷凍ほうれん草 —— ½袋（75g）
サラダチキン —— ½パック（55g）
A　カレールウ（中辛）—— 1かけ
　　砂糖、ウスターソース —— 各小さじ½
　　水 —— 100㎖

作り方

1. 耐熱容器にほうれん草、サラダチキン、Aを入れてふんわりとラップをし、電子レンジ（600W）で約4分30秒加熱して、全体をよく混ぜる。
2. 器にごはんと1を盛りつける。

具材とルウをまとめてチン！ 加熱後はよく混ぜて

好みで粉チーズをかけてどうぞ！

カレーもレンジにおまかせ！ 隠し味でコクUP

ファミチキンカレー

スパイシーな衣とホロホロの肉で何時間も煮込んだ味に

材料（1人分）

温かいごはん —— 200g
ファミリーマート「ファミチキ」—— 1個
冷凍揚げなす —— ½袋（65g）
A　カレールウ（中辛）—— 1かけ
　　バター —— 5g
　　砂糖、ウスターソース —— 各小さじ½
　　水 —— 120㎖
ドライパセリ（あれば）—— 適量

作り方

1. 「ファミチキ」は手で食べやすい大きさに裂いて耐熱容器に入れる。
2. 揚げなす、Aを加えてふんわりとラップをし、電子レンジ（600W）で約5分加熱して、全体をよく混ぜる。
3. 器にごはんと2を盛りつけ、あればパセリを散らす。

チキンの衣ははがれてしまってもOK。ルウにスパイシーさを加えてくれる

どんなフライドチキンでもたぶん旨いです

サバの缶汁でうま味たっぷり、高級シーフードカレー風

サバカレー

材料（1人分）

温かいごはん ── 1人分
レトルトカレー ── 1袋
サバ水煮缶 ── ½缶
ドライパセリ（あれば） ── 適量

作り方

1. 耐熱容器にレトルトカレー、ほぐしたサバ、サバの缶汁（小さじ2）を入れてふんわりとラップをして電子レンジ（600W）で約2分加熱し、全体をよく混ぜる。

2. 器にごはんと 1 を盛りつけ、あればパセリを散らす。

サバ缶の汁を捨てずに加えることで風味が格段にUPする

麻辣麻婆カレー（ラーマーボー）

材料（1人分）

温かいごはん ── 200g
豆腐（絹ごし） ── 150g
味の素「麻辣麻婆豆腐」
　── 1パック（70g）
水 ── 60ml
カレールウ（中辛） ── 1かけ
万能ネギ（小口切り／あれば） ── 適量

作り方

1. 耐熱容器に豆腐をスプーンで大きくすくって入れ、「麻辣麻婆豆腐」、分量の水、カレールウを加えてふんわりとラップをし、電子レンジ（600W）で約3分30秒加熱する。

2. 全体を軽く混ぜ、豆腐を好みの大きさに崩す。器にごはんと盛りつけ、あれば万能ネギを散らす。

豆腐は加熱後に崩すので、レンチンするときはざっくりとスプーンですくって入ればOK

本格的な旨辛麻婆をカレーにアレンジ！汗をかきながらどうぞ

PART 2　ごはん&麺&パン　47

材料（1人分）

- 温かいごはん —— 200g
- ゴマ油 —— 小さじ2
- ツナ缶（油漬け／缶汁をきる） —— ½缶
- 白菜キムチ —— 60g
- 冷凍ほうれん草 —— ½袋（75g）
- A │ 焼き肉のタレ —— 大さじ2
  │ にんにく（チューブ） —— 3cm
- 塩、黒コショウ —— 各少し
- 卵黄 —— 1個分
- 万能ネギ（小口切り）、ラー油 —— 各適量

作り方

1. フライパンにゴマ油をひいて強火で熱し、ツナ、キムチ、ほうれん草を炒める。
2. Aを加えてさらに炒め、全体がなじんだらごはんを加えて塩、コショウをふる。
3. 器に盛り、卵黄をのせる。万能ネギを散らし、ラー油を回しかける。

コスパのよいツナで本格的なビビンバの味

石焼きビビンバ風ツナチャーハン

炒めたワカメの旨さを、人類の9割はまだ知らない…！

ワカメチャーハン

材料（1人分）

温かいごはん —— 200g
カットワカメ（乾燥）—— 4g
ゴマ油 —— 大さじ1
卵 —— 1個
A｜味の素 —— 7ふり
　｜塩 —— 小さじ⅓
　｜黒コショウ —— たっぷり
B｜しょうゆ —— 小さじ½
　｜酒 —— 大さじ1
黒コショウ（仕上げ用）、
いりゴマ（白）、
紅しょうが —— 各適量

作り方

1. ワカメは水（分量外）に浸して表示通りに戻し、ザルにあげてよく水気を絞る。

2. フライパンにゴマ油をひいて中火で熱し、溶き卵、ごはんを順に入れて手早く炒める。

3. 1のワカメ、Aを加えてさらに炒める。全体に油が回ったら、仕上げにBを加えてさっと炒める。器に盛り、黒コショウ、ゴマをふって紅しょうがを添える。

ワカメは後から加えることで色と食感をキープ

ビッグフランクの テリマヨチャーハン

材料（1人分）

温かいごはん —— 200g
マヨネーズ —— 小さじ2
にんにく（チューブ）—— 4cm
ビッグフランク —— 1本
卵 —— 1個
万能ネギ（小口切り）—— 20g
A｜めんつゆ（3倍濃縮）
　｜　—— 小さじ4
　｜砂糖 —— 小さじ1
　｜塩、黒コショウ —— 各少し
マヨネーズ、黒コショウ
（仕上げ用）—— 各適量

作り方

1. フライパンにマヨネーズ、にんにくを入れて中火で熱し、ビッグフランクを手でちぎりながら入れて炒める。

2. 焼き目がついたら、溶き卵とごはんを順に入れて手早く炒める。

3. 万能ネギ、Aを加えて炒め合わせ、器に盛る。マヨネーズと黒コショウをかける。

ビッグフランクはフライパンの上でちぎって入れて、包丁＆まな板いらず！

食いしん坊大歓喜の背徳的な旨さ！

冷凍ブロッコリーのチーズリゾット

歯ごたえあるブロッコリー入りで本格風リゾット！

材料（1人分）

- 温かいごはん —— 200g
- 冷凍ブロッコリー —— 1袋（140g）
- A
  - バター —— 8g
  - 顆粒コンソメ —— 小さじ1½
  - 無調整豆乳 —— 100mℓ
- ピザ用チーズ —— 40g
- 塩 —— ひとつまみ
- 黒コショウ、オリーブオイル（好みで） —— 各適量

作り方

1. ブロッコリーは表示通りにレンジで解凍し、水気をよく絞る。

2. 耐熱容器にごはん、A、①を入れてふんわりとラップをし、電子レンジ（600W）で約2分30秒加熱する。

3. 熱いうちにチーズを加え、ブロッコリーを崩しながらよく混ぜる。塩、黒コショウで味をととのえて器に盛り、好みでオリーブオイルを回しかける。

味がぼやけないように、ブロッコリーの水気はレンチン前によくきっておく

バズった！ いかそうめんだしの本格中華がゆ

材料（1人分）

温かいごはん —— 200g
いかそうめん —— 1袋（18g）
水 —— 200ml
A｜中華調味料（ペースト） —— 小さじ½
　｜塩 —— 少し
メンマ（刻む／あれば）、万能ネギ（小口切り）
　—— 各適量
ゴマ油 —— 小さじ1½

作り方

1. 鍋に分量の水を入れ、いかそうめんをキッチンバサミで約2〜3cm長さに切って入れる。
2. 中火にかけ、いかが柔らかくなるまで約2分煮込む。A、ごはんを加えて再び沸騰したら弱火にして、約2分煮込む。
3. ごはんが柔らかくなったら器に盛り、あればメンマ、万能ネギをのせ、ゴマ油を回しかける。

いかそうめんから出るだしでホッとする！

いかが柔らかく戻るころには、旨味たっぷりのだしが完成！

トッピングはザーサイでもおいしい！

中華風納豆雑炊

洗った米でサラサラ食べられる！
調子がイマイチな日の労りごはんにも

材料（1人分）

温かいごはん —— 200g
納豆（タレ、からしは除く） —— 1パック
A｜中華調味料（ペースト） —— 小さじ1
　｜水 —— 180ml
卵 —— 1個
塩、黒コショウ —— 各少し
万能ネギ（小口切り）、ラー油 —— 各適量

作り方

1. ごはんはザルに入れ、流水で洗ってぬめりを取る。
2. 鍋に納豆、Aを入れて中火にかける。沸騰したら1を加えて煮込む。
3. ごはんが柔らかくなったら溶き卵を流し入れる。固まったら全体を混ぜ、塩、黒コショウで味をととのえる。器に盛り、万能ネギをのせてラー油を回しかける。

ごはんのでんぷんを落とすひと手間で、サラサラとした口あたりの絶品雑炊に

卵を流し入れたらすぐにかき混ぜず、固まるまで少し待つときれいに仕上がる

PART 2　ごはん&麺&パン

冷凍＆カップ飯
アレンジ

卵スープチャーハン

バズった！

材料（1人分）

チャーハン（冷凍） —— 1袋（170g）
卵スープ（フリーズドライ／個包装）
　—— 1個
万能ネギ（小口切り）、
　ラー油（好みで） —— 各適量

作り方

1. チャーハンは表示通りにレンジで解凍し、器に盛る。
2. 卵スープは耐熱容器に入れ、表示通りにお湯（分量外）を加えて 1 にかける。
3. 万能ネギを散らし、好みでラー油を回しかける。

冷凍チャーハンが高級中華飯店風に！

300円台でこれが作れるの、錬金術と言っていい

ふかひれチャーハン

バズった！

材料（1人分）

セブン-イレブン
　「シンプルが旨いカップ炒飯」 —— 1個
セブン-イレブン
　「ふかひれスープ」 —— 1個
お湯 —— 100㎖

作り方

1. カップチャーハンは表示通りにレンジで温める。
2. 1 に「ふかひれスープ」をのせ、分量のお湯を加えてよく混ぜる。

バズった！

トマトバターリゾット

材料（1人分）

セブン‐イレブン
「バター香る海老ピラフ」── 1個
セブン‐イレブン
「7種の野菜ミネストローネ」── 1個
お湯 ── 120mℓ

作り方

1. ピラフは表示通りにレンジで温める。
2. 1に「ミネストローネ」をのせて分量のお湯を注ぎ、よく混ぜる。

フリーズドライのスープをポンとのっけてお湯入れるだけ！

バター風味の野菜たっぷりリゾットが即完成！

高級感ある味にビックリ！

一杯で満足できて約160kcal！
夢の食べ物できました

カップスンドゥブクッパ

バズった！

材料（1人分）

日清食品「純豆腐
　スンドゥブチゲ」── 1個
セブン‐イレブン「鶏ぞうすい」
　── 1個

作り方

1. カップの「純豆腐」に「鶏ぞうすい」をのせる。
2. 表示よりやや多めにお湯を入れて表示通りの時間おき、軽く混ぜる。

お湯を入れたら豆腐が崩れないように優しく混ぜて

COLUMN

セブン-イレブンの食材だけで 一品勝負！

\ 使ったのはコレ！/

バジル風味のパスタが手軽に作れる「あえるだけのパスタソース」と、公式ではバターで炒めたり、グラタンやスープの具材などにオススメという「じゃがいもとベーコン」

バジルジャーマン

ホクホクのじゃがいもにバジルが絡み、ビールが止まらない！

材料（1人分）

セブン-イレブン
　「じゃがいもとベーコン」——1袋
セブン-イレブン「あえるだけのパスタソース
　バジル＆チーズ」——1袋
黒コショウ——適量

作り方

1 「じゃがいもとベーコン」は表示通りにレンジで解凍する。

2 テフロン加工のフライパンに油をひかずに❶を入れ、中火で炒める（くっつく場合はサラダ油小さじ1[分量外]を加える）。

3 じゃがいもが柔らかくなったら「バジル＆チーズ」を加えて炒め合わせる。

4 器に盛り、黒コショウをふる。

セブンは家から一番近いこともあって、めちゃくちゃお世話になってます。料理にアレンジしやすい食材がとにかく豊富！ 特にお気に入りなのは「にんにく醤油味」で、つまみとしてそのまま食べるのはもちろん、炊き込みごはんにしても旨いです。PART1で紹介した「タコスミート」しかり、セブンプレミアムシリーズは小ワザの利いた商品が多いですよね〜。

PART

3

白ごはんにプラスでOK！
バランスおかず

不足しがちな野菜から、ごはんが進む肉や魚のおかず、
あると嬉しい汁物も、コンビニ食材におまかせあれ。
材料を常備しておけば、献立に悩んだときの「あと1品」が
あっという間に完成します。
覚えておいてソンはなし、全力でオススメです！

野菜不足はこれで解消！

めかぶドレッシングサラダ

材料（1人分）

カット野菜 —— 1袋
味付けめかぶ —— 1パック
A｜酢、めんつゆ（3倍濃縮）
　　—— 各小さじ1½
万能ネギ（小口切り／あれば）
　　—— 適量

作り方

1. カット野菜は器に盛る。
2. めかぶのパックにAを入れてよく混ぜ、1にかける。あれば万能ネギをのせる。

めかぶのとろみでノンオイル！ さっぱりツルッと

チョリサラ

材料（1人分）

チョリソー —— 1パック（100g）
コールスロー —— 1袋（130g）
シーザーサラダドレッシング —— 1袋
黒コショウ、ドライパセリ（各あれば） —— 各適量

作り方

1. チョリソーは表示通りにレンジで加熱し、粗熱が取れたら手で小さくちぎる。
2. コールスローの袋に 1、ドレッシングを入れてよくふり混ぜ、器に盛る。あれば黒コショウ、パセリをふる。

袋で材料を全部混ぜればボウルいらず。究極のズボラテクニック！

タバスコをかけて、さらにピリ辛にしても！

ぐんぐん酒が飲めるおつまみサラダ

中濃ソースコールスロー

ソース×マヨ風味でキャベツがわしわし食べられる！

材料（1人分）

千切りキャベツ —— 1袋（150g）
スライスベーコン
　（食べやすくちぎる）—— 40g
A｜中濃ソース、マヨネーズ
　　　—— 各大さじ1½
　｜味の素 —— 3ふり
　｜塩 —— ひとつまみ
　｜黒コショウ —— 適量

作り方

1. フライパンに油をひかず、ベーコンを入れて中火で熱して焼き目をつけ、粗熱を取る。
2. キャベツの袋に 1、Aを入れてよく混ぜる。

全体にソースとマヨが行きわたり、キャベツがしっとりするまでよく混ぜて

57

揚げなすの
チーズ焼き

喫茶店のナポリタンのように濃厚な味わい

材料（1人分）

- オリーブオイル — 小さじ1
- ソーセージ（薄切り） — 40g
- 冷凍揚げなす — 1袋（130g）
- A ｜ ケチャップ — 大さじ1½
  ｜ めんつゆ（3倍濃縮）
  ｜　　— 小さじ1½
  ｜ 黒コショウ — 適量
- ピザ用チーズ — 40g
- ドライパセリ — 適量

作り方

1. フライパンにオリーブオイルをひいてソーセージを炒める。揚げなすは表示通りにレンジで解凍する。
2. 1のソーセージに焼き目がついたら揚げなす、Aを加えてさらに炒める。
3. チーズをかけてフタをし、チーズが溶けたらパセリを散らす。

全体に照りが出るまで、なすと調味料をよく炒める

おかずにはもちろん、つまみにも!

最小限の調味料で作れるシャレオツな一品!

揚げなすのペペロンチーノ炒め

材料（1人分）

- オリーブオイル —— 小さじ2
- スライスベーコン（食べやすくちぎる） —— 40g
- 冷凍揚げなす —— 1袋（130g）
- にんにく（チューブ） —— 4cm
- 赤唐辛子（小口切り） —— 1本
- 顆粒コンソメ —— 小さじ½
- ドライパセリ（あれば） —— 適量

作り方

1. フライパンにオリーブオイルをひいて中火で熱し、ベーコンを炒める。揚げなすは表示通りにレンジで解凍する。

2. ベーコンに焼き目がついたらにんにく、赤唐辛子を加えてさらに炒める。

3. 香りが出たら1の揚げなす、コンソメを加え、なすがしんなりするまで炒め合わせる。あればパセリを散らす。

ブロッコリーとしたらばの ガリバタソテー

海鮮スティック×バターの香りがたまらない！

材料（1人分）

- バター —— 10g
- 冷凍ブロッコリー —— 1袋（140g）
- A | 白だし —— 小さじ2
  | にんにく（チューブ）—— 4cm
- 海鮮スティック（食べやすくちぎる）—— 1本（73g）
- 黒コショウ —— 適量

作り方

1. フライパンにバターを入れて中火で熱し、ブロッコリーを凍ったまま加えて炒める。

2. ブロッコリーがしんなりしたらA、海鮮スティックを加えてサッと炒め、黒コショウをふる。

低糖質デパ地下風ブロッコリーサラダ

材料（1人分）

- 卵 —— 1個
- 冷凍ブロッコリー —— 1袋（140g）
- サラダチキン（食べやすく手で裂く） —— ½個（55g）
- A
  - マヨネーズ —— 大さじ1½
  - 味の素 —— 3ふり
  - 塩 —— 小さじ⅕
  - 黒コショウ —— たっぷり
  - 練りからし（チューブ／あれば） —— 3cm

作り方

1. 耐熱容器に卵を入れ、黄身だけを箸などで崩し、ラップをせずに電子レンジ（600W）で1分～1分30秒加熱する。

2. ブロッコリーは表示通りにレンジで解凍して水気をよく絞り、食べやすく手で裂く。1に加え、サラダチキン、Aも加えてよく混ぜる。

1 黄身は白身と混ぜずに軽く崩してチンすると、ゆで卵で作るのと同じ2層のタルタルに

隠し味のからしでお店の味!

サラダチキン入りで食べごたえたっぷりなのに、糖質オフ!

あと一品にうれしい、彩りおかず。お弁当にも!

ブロッコリーの鮭ゆかり和え

材料（1人分）

- 冷凍ブロッコリー —— 1袋（140g）
- 鮭フレーク —— 大さじ1½
- オリーブオイル —— 大さじ1
- ゆかりふりかけ —— 小さじ1½

作り方

1. ブロッコリーは表示通りにレンジで解凍して、水気をよく絞る。

2. 残りの材料をすべて加えて混ぜる。

ツナ×ゴマ油の魔法で、箸が止まらない！

無限冷凍ほうれん草

材料（1人分）

冷凍ほうれん草——1袋（150g）
ツナ缶（油漬け／缶汁をきる）——½缶
ゴマ油——小さじ2
塩——小さじ¼
味の素——5ふり
黒コショウ——たっぷり

作り方

1. ほうれん草は表示通りにレンジで解凍し、水気をよく絞る。
2. 残りの材料をすべて加えて混ぜる。

冷凍ほうれん草とベーコンのソテー

材料（1人分）

スライスベーコン（食べやすくちぎる）——50g
オリーブオイル——大さじ1
冷凍ほうれん草——1袋（150g）
にんにく（チューブ）——2cm
A｜塩——小さじ¼
　｜味の素——4ふり
　｜黒コショウ——適量

作り方

1. フライパンにオリーブオイルをひいて中火で熱し、ベーコンを炒める。
2. 焼き目がついたら凍ったままのほうれん草、にんにくを加えてさらに炒める。ほうれん草がしんなりしたらAを加えてサッと炒める。

思い立ったらいつでも作れる
最強のおかず！つまみにも◎

箸休めにも最適なサッパリおかず

オクラとめかぶの酢の物

材料（1人分）

冷凍オクラ——½袋（75g）
味つきめかぶ——1パック
酢——小さじ2
めんつゆ（3倍濃縮）——小さじ1

作り方

1. オクラは表示通りにレンジで解凍し、ザルにあげて流水で冷やし、よく水気を絞る。
2. 残りの材料をすべて加えて混ぜる。

いかオクラ

材料（1人分）

冷凍オクラ——1袋（150g）
いかそうめん——1袋（18g）
A｜しょうゆ、白だし——各小さじ1½

作り方

1. オクラは表示通りにレンジで解凍し、ボウルに入れる。いかそうめんはキッチンバサミで2cm長さに切って加える。
2. 1にAを加えて混ぜる。

オクラの上でいかをチョキチョキ切って入れれば、洗い物も最小限でOK

小鉢に最適！少し時間をおいても旨い

コリコリのいかに、ネバネバオクラの食感が楽しい！

ホットスナックを
アレンジ！

からあげクン親子丼

材料（1人分）

温かいごはん —— 200ｇ
ローソン「からあげクン」
　（レギュラー）—— 1パック
A｜水 —— 大さじ5
　｜めんつゆ —— 大さじ3
卵 —— 2個
万能ネギ（小口切り）、
　七味唐辛子 —— 各適量

作り方

1. 耐熱ボウルに「からあげクン」とAを入れてふんわりとラップをし、電子レンジ（600W）で約2分30秒加熱する。

2. 卵1個を軽く溶いて1に加え、ふんわりとラップをして電子レンジ（600W）で約40秒加熱する。一度取り出して全体を混ぜ、もう1個の卵を軽く溶いて加え、再びふんわりとラップをして約40秒加熱する。

3. 丼に盛ったごはんに2、万能ネギをのせ、七味をふる。

耐熱ボウルを使うと丸く仕上がり、丼にのせやすい

卵は2回に分けて加熱して、絶妙なトロトロの半熟に！

からあげクンに味がついているから、最小限の調味でOK！

やきとりのサテ風ゴマソース

材料（1人分）

やきとり（もも／塩味）——2本
A｜マヨネーズ、すりゴマ（白）——各大さじ1
　｜めんつゆ（3倍濃縮）——小さじ1
　｜砂糖——小さじ2/3
カレー粉——少し

作り方

1. ボウルにAを入れて混ぜる。
2. 器に盛ったやきとりに1をかけ、カレー粉をふる。

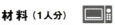
家にある調味料だけでアジアン風に早変わり

からしタルタルやきとり

からし入りのタルタルは、レンジで作れる万能ソース！

材料（1人分）

やきとり（もも／タレ）——2本
卵——1個
A｜マヨネーズ——大さじ2
　｜ケチャップ——小さじ1½
　｜黒コショウ——適量
　｜砂糖——ひとつまみ
　｜練りからし（チューブ）——4cm
ドライパセリ（あれば）——適量

作り方

1. 耐熱容器に卵を入れて、黄身のみを崩し、ラップをせずに電子レンジ（600W）で約1分10秒加熱する。
2. 1にAを加えてよく混ぜ、器に盛ったやきとりにかける。あればパセリを散らす。

ケチャップと砂糖入りで、ほんのりピンクのタルタルがやきとりのタレと合う

魚は
サバ缶頼み

ゆかりが調味料に。カリッフワの衣が最高！

ゆかりの塩気が
サバにぴったり！

サバ缶のゆかり揚げ

バズった！

材料（1人分）

サバ水煮缶（缶汁をきる）——1缶（190g）
A│薄力粉——大さじ3
　│片栗粉——大さじ2
　│炭酸水（無糖）——大さじ4
　│ゆかりふりかけ——小さじ1
揚げ油、ゆかりふりかけ
（仕上げ用）——各適量

作り方

① ボウルにAを入れてよく混ぜ、サバをくぐらせる。

② フライパンに揚げ油を鍋底から約1cm入れて中火で熱し、①を揚げ焼きにする。

③ こんがり色づいたら器に盛り、仕上げにゆかりをふる。

炭酸水を衣に加えることでカリッフワッとした食感になる

サバを衣にくぐらせたそばから揚げていく。油はねが怖い人はスプーンを使って

サバ缶の柳川風

材料（1人分）

- サバ水煮缶 — 1缶（190g）
- A
  - めんつゆ（3倍濃縮）— 大さじ1
  - 砂糖 — 小さじ1½
- 卵 — 2個
- 万能ネギ（小口切り）、七味唐辛子 — 各適量

作り方

1. 小さめのフライパンにサバを缶汁ごと入れる。Aを加え、サバの身を大きめにほぐしながら中火にかける。

2. 沸騰したら弱火にし、卵を軽く溶いて流し入れる。半熟になったら火を止め、万能ネギをのせて七味をふる。

フライパンごとどーんと食卓へ。簡単なのに迫力満点！

卵は完全に固まる前の半熟で火を止め、余熱で火を通す

具だくさん
スープ

材料（1人分）

- 千切りキャベツ —— 1袋（150g）
- ビッグフランク（食べやすく手でちぎる）—— 1本
- A | オリーブオイル —— 小さじ2
    | 顆粒コンソメ —— 小さじ1⅓
    | にんにく（チューブ）—— 3cm
    | 黒コショウ —— 適量
    | 水 —— 250ml
- 黒コショウ（仕上げ用）—— 適量

作り方

1. 鍋にキャベツ、ビッグフランク、Aを入れて中火にかけ、数分煮る。
2. 黒コショウで味をととのえ、好みでビッグフランクに付属の粒マスタード、ケチャップを添える。

ビッグフランクは手でちぎって直接入れれば、包丁もまな板も不要！

千切りキャベツがまるでザワークラウトのよう！

ビッグフランクの
ポトフ風

濃厚ポテサラポタージュ

材料（1人分）

牛乳 —— 150㎖
ポテトサラダ —— 1パック（120g）
顆粒コンソメ —— 小さじ2/3
塩、黒コショウ —— 各少し
黒コショウ（仕上げ用） —— 適量

作り方

1. 鍋に牛乳、ポテトサラダ、コンソメを入れ、ポテトサラダを潰しながら中火にかける。
2. 沸騰したら塩、黒コショウで味をととのえ、火を止める。器に盛り、仕上げに黒コショウをふる。

全体がなめらかになるように潰しながら加熱する

クリーミーな中にゴロッとポテトの粒感が絶品

ブロッコリーとサバ缶の豆乳ポタージュ

材料（1人分）

冷凍ブロッコリー —— 1/2袋（70g）
サバ水煮缶 —— 1/2缶（95g）
A｜顆粒コンソメ —— 小さじ1強
　｜無調整豆乳 —— 200㎖
バター —— 8g
黒コショウ —— たっぷり

作り方

1. 鍋にブロッコリーを凍ったまま、サバを缶汁ごと入れる。Aを加え、サバの身を崩しながら中火にかける。
2. 数分煮込んだら、多めの黒コショウで味をととのえる。

サバの身は食べやすい大きさに崩しながら加熱する

サバが洋風スープに大変身！

冷製豆腐トマトスープ

ガスパチョ風！パンにも合います

味変でタバスコ、粉チーズをかけても！

材料（1人分）

豆腐（絹ごし） ── 150g
A | トマトジュース（無塩・無糖）
　　── 100ml
　| 白だし ── 大さじ1強
黒コショウ、オリーブオイル、
ドライパセリ ── 各適量

作り方

1. 器に豆腐を適当な大きさにちぎりながら入れる。
2. Aを加えてサッと混ぜ、黒コショウをふり、オリーブオイルをかけてパセリを散らす。

めかぶサンラータン

めかぶのとろみで片栗粉いらず！ すっぱ辛さがクセになる

材料（1人分）

味付きめかぶ——2パック
A ｜ 中華調味料（ペースト）——小さじ1½
　｜ 酒、ゴマ油——各小さじ1
　｜ 水——350㎖
卵——1個
酢——大さじ1
万能ネギ（小口切り）、ラー油、黒コショウ——各適量

作り方

1. 鍋にめかぶ、Aを入れて中火にかける。
2. 沸騰したら弱めの中火にし、溶き卵を流し入れる。軽く固まったら酢を加えてサッと全体を混ぜ、火を止める。
3. 器に盛り、万能ネギ、ラー油を加えて黒コショウをふる。

卵を入れたらすぐにかき混ぜず、固まってから混ぜると、きれいなかき玉に

冷凍ほうれん草の卵スープ

面倒な下ゆで不要！ サッと煮るだけで完成

材料（1人分）

水——350㎖
中華調味料（ペースト）——小さじ1
冷凍ほうれん草——1袋（150g）
A ｜ 片栗粉——小さじ1
　｜ 水——小さじ2
卵——1個
B ｜ 塩——ひとつまみ
　｜ しょうゆ——小さじ½
ラー油、いりゴマ（白）——各適量

作り方

1. 鍋に分量の水と中華調味料を入れ、中火にかける。
2. 沸騰したらほうれん草を凍ったまま加え、再度沸騰したら合わせたAを加えて混ぜ、とろみをつける。
3. 溶き卵を流し入れ、Bを加えて全体を混ぜ、火を止める。器に盛り、ラー油をかけ、ゴマを散らす。

COLUMN

ファミリーマートの食材だけで 一品勝負！

使ったのはコレ！

おかゆ状になった米入りで、自宅で簡単に本格参鶏湯が作れる「サラダチキンで作る参鶏湯」。サラダチキンとの相性は保証済みのこの商品を、まったく別の楽しみ方で！

鶏パイタンつけそうめん

参鶏湯スープにちょい足しするだけ！

材料（1人分）

そうめん —— 90〜100g
サラダチキン —— 1/2個（55g）
煮卵 —— 1個
味の素「サラダチキンで作る参鶏湯（サムゲタン）」—— 1袋
A｜ゴマ油、白だし —— 各小さじ1
　｜にんにく（チューブ）—— 少し
　｜黒コショウ —— 適量

作り方

1 そうめんは表示通りにゆで、流水で冷やしてよく水気を絞り、器に盛る。

2 サラダチキンは食べやすくスライスし、煮卵は半分に切って**1**に添える。

3 耐熱容器に「サラダチキンで作る参鶏湯」を入れ、電子レンジ（600W）で約2分30秒加熱し、Aを加えて混ぜる。

4 そうめんと具を**3**につけながら食べる。

ファミマはフラッペが最強ですよね。あれはマジで旨い。それから、何と言っても「お母さん食堂」シリーズ。冷凍や冷蔵とは思えないほど、どれもクオリティが高くてビックリします。特にお気に入りは、このレシピ本にも頻繁に登場する冷凍揚げなす。色も形もきれいだし、調味料がよく染み込むので、いろんな料理に使っています。

PART

4

爆速で優勝！
つまみ特化型レシピ

コンビニにはおつまみも種類豊富に揃っており、
軽く一杯やるのには事欠きません。
でも、それらに「ちょい足し」するだけで
さらに酒がぎゅんぎゅん進む一品ができるんです。
一人飲みのお供にも、友だちとの家飲みにも
ガンガン活用しちゃってください！

揚げなすと生ハムのタバスコマリネ

生ハムの塩気×タバスコのすっぱ辛さがやみつき！

材料（1人分）

冷凍揚げなす —— 1袋（130g）
生ハム —— 1パック（45g）
A | 黒コショウ —— 適量
　 | 酢 —— 小さじ1
　 | タバスコ —— 6ふり
　 | オリーブオイル —— 小さじ1
ドライパセリ（あれば）—— 適量

作り方

1. 耐熱ボウルに揚げなすを入れて表示通りにレンジで解凍し、水気をきる。
2. 生ハム、Aを加えてよく混ぜる。
3. 器に盛り、あればパセリをふる。

バズった！

無限ゆで卵

マジで無限。ひと口で「うまっ！」と叫ぶこと必至です

レモン汁も合う！

材料（1〜2人分）

卵（Lサイズ）——3個
A ｜ ゴマ油——小さじ2
　 ｜ 塩——小さじ¼
　 ｜ 味の素——4ふり
　 ｜ 黒コショウ——適量
しらす干し——25g
万能ネギ（小口切り）、
　ラー油——各適量

作り方

1. 鍋にお湯を沸かし、冷蔵庫から出したての卵を水で濡らしてからそっと入れ、弱めの中火で約7分ゆでて冷水にとる。冷えたら殻をむいて4等分に切る。

2. ボウルにAを入れて混ぜ、1、しらすを加えて卵が崩れないようにサッと混ぜ、器に盛る。

3. 万能ネギを散らし、ラー油を回しかける。

沸騰した湯に冷えた卵を入れるのが半熟に仕上げるコツ

ピザグラタン

ただでさえ旨いピザを魔改造しますた

前日の残った
ピザでもOK！

材料（1人分）

好みの冷凍ピザ
　　── 1枚（180g）
バター ── 10g
薄力粉 ── 小さじ2
A｜牛乳 ── 180mℓ
　｜顆粒コンソメ ── 小さじ1
ピザ用チーズ ── 50g
ドライパセリ（あれば）
　　── 適量

作り方

1. フライパンにバターを入れて弱火で熱し、キッチンバサミでピザを凍ったまま食べやすい大きさにカットして入れ、炒める。

2. ①に薄力粉を加え、粉っぽさがなくなり、全体がなめらかになるまで炒める。Aを加え、中火にして煮つめる。

3. とろみがついたら耐熱皿に移し、チーズをかけてオーブントースター（1000W・200℃）で焼き目がつくまで4〜5分焼く。あればパセリをふる。

ピザと薄力粉がなじんだところに牛乳を加える

ヘラでフライパンの底に線が引けるくらいまでとろみがついたらグラタン皿へ

チータラの イカダ焼き

材料（1人分）

チータラ——1袋
黒コショウ——思ってる3倍

作り方

① テフロン加工のフライパンに、油をひかずにチータラをチーズの面を下にし、4～5枚ずつくっつけて並べる。

② 中火で熱し、両面に焼き目をつける。

③ 器に盛り、黒コショウをふる。

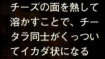

チーズの面を熱して溶かすことで、チータラ同士がくっついてイカダ状になる

パリッと新食感で手が止まらない！

簡単すぎる超やせ小鉢!

作るのも食べるのも秒殺です

べズった!

ワカメとツナの秒殺和え

材料（1人分）

カットワカメ（乾燥）——10g
ツナ缶（油漬け／缶汁をきる）——½缶
A｜酢、めんつゆ（3倍濃縮）——各小さじ2
　｜ゴマ油——小さじ1½
いりゴマ（白）——適量

作り方

1. ワカメは水（分量外）に浸して表示通りに戻し、ザルにあげてよく水気を絞る。

2. ツナ、Aを加えて混ぜ、器に盛ってゴマを散らす。

ツナマヨ新生姜

材料（1人分）

岩下食品「岩下の新生姜」
　——1パック（70g）
ツナ缶（油漬け／缶汁をきる）
　——½缶
マヨネーズ——大さじ1½

作り方

1. すべての材料をよく混ぜるだけ！

1. 新生姜のパックに材料全部入れれば、洗い物ほぼなし！

サクサクの歯ごたえと爽やかな風味がたまらん

これは発明！ 魚介の旨味をいかそうめんで再現

チャンジャ風いかキムチ

材料（1人分）

白菜キムチ —— 1パック（100g）
いかそうめん —— 1袋（18g）
ラー油、マヨネーズ（各好みで）
　　—— 各適量

作り方

1. キッチンバサミでキムチは食べやすい大きさに、いかそうめんは約3〜4cm長さに切り、よく混ぜて数分おく。

2. 器に盛り、好みでラー油をかけ、マヨネーズを添える。

キムチのもずく和え

材料（1人分）

白菜キムチ —— ½パック（50g）
もずく —— 1パック

作り方

1. 器に盛って混ぜるだけ！

好みでゴマ油を足しても旨い

簡単すぎ御免！ あと一品つまみたいときに

おつまみ豆腐
3種

とろけるなすとひんやり豆腐が最高の組み合わせ

甘じょっぱい肉みそでワンランク上のつまみに

ラー油×ポン酢は呑兵衛大歓喜！

冷凍揚げなす冷や奴

材料（1人分）

- 冷凍揚げなす —— ½袋（65g）
- A｜にんにく（チューブ）—— 2cm
- 　｜ゴマ油 —— 小さじ1
- 豆腐（絹ごし）—— 150g
- ポン酢しょうゆ —— 大さじ1強
- 万能ネギ（小口切り）—— 適量

作り方

1. 耐熱容器に揚げなすを入れ、表示通りにレンジで解凍して水気をきる。
2. **1**にAを加え、なすを潰しながらよく混ぜる。
3. 器に豆腐を盛り、**2**をのせてポン酢をかけ、万能ネギをのせる。

解凍して水気をきったなすをフォークなどで押し潰しながら、調味料とよくなじませて

サバ缶肉みそ豆腐

材料（1人分）

- サバ水煮缶（缶汁をきる）—— ½缶
- ゴマ油 —— 小さじ1
- A｜酒、みりん —— 各大さじ1
- 　｜みそ —— 小さじ1½
- 　｜砂糖 —— 小さじ1
- 　｜味の素 —— 2ふり
- 豆腐（絹ごし）—— 150g
- 万能ネギ（小口切り）、ラー油 —— 各適量

作り方

1. フライパンにゴマ油をひいてサバを入れ、Aを加えて汁気がなくなるまでよく炒める。
2. 器に豆腐を盛り、**1**をかけて万能ネギをのせ、ラー油を回しかける。

みそを溶かしながら煮つめて甘味たっぷりのあんを作る

ツナとオクラのラーポン冷や奴

材料（1人分）

- 冷凍オクラ —— ½袋（75g）
- ツナ缶（油漬け／缶汁をきる）—— ½缶
- 豆腐（絹ごし）—— 150g
- ポン酢しょうゆ —— 大さじ1½
- ラー油 —— 適量

作り方

1. 耐熱容器にオクラを入れて表示通りにレンジで解凍し、水気をよく絞る。
2. ツナを加えて混ぜ、器に盛った豆腐にのせる。
3. ポン酢、ラー油を回しかける。

明太納豆ユッケ

材料（1人分）

辛子明太子（皮を除いてほぐす）——25g
納豆（タレ、からしを除く）——1パック
焼き肉のタレ——小さじ1
卵黄——1個分
ラー油、万能ネギ（小口切り）、いりゴマ（白）、焼き海苔——各適量

作り方

1. 器に明太子、納豆、焼き肉のタレを入れてよく混ぜる。
2. 卵黄をのせ、ラー油、万能ネギ、ゴマをかける。
3. 海苔で巻いて食べる。

3分で作れる、低糖質やせおつまみ！

冷凍揚げなすの明太炒め

サッと炒めたプチプチ明太がくせになる！

材料（1人分）

冷凍揚げなす——1袋（140g）
ゴマ油——小さじ1
辛子明太子（皮を除いてほぐす）——25g
塩——少し

作り方

1. 揚げなすは表示通りにレンジで解凍する。
2. フライパンにゴマ油をひいて中火で熱し、1を入れて炒める。
3. 全体に油が回ったら明太子を加えてサッと炒め、塩で味をととのえる。

COLUMN

ローソンの食材だけで 一品勝負！

使ったのはコレ！

ナガラ食品の「ホルモン鍋」は、コンビニではローソンだけで手に入り、根強いファンがいる一品。豆腐やニラなどを入れて鍋として楽しむのはもちろんおいしいけれど…!?

煮込みホルモンうどん

「人間やっててよかった…」ってなる品だよ

材料（1人分）

ローソン「ホルモン鍋」——1個
冷凍うどん——1玉
万能ネギ（小口切り）、
　七味唐辛子——各適量

作り方

1 冷凍うどんは表示通りに解凍する。

2 ホルモン鍋に **1** を入れて約3分煮込み、万能ネギを散らして七味をふる。

ローソンで一品選ぶなら、この"ローホル"（ローソンのホルモン鍋）でしょう！　よくあるホルモンの煮込みと違い、あまり甘くないのがすごくいい。定番の「からあげクン」も、味つけにパンチがあってホットスナックでは一番好きですね。そして忘れちゃいけない「プレミアムロールケーキ」。あの生クリームに溺れたい…！

帰遅でも太らない！糖質オフレシピ

豆乳スープでコクたっぷり！腹持ちもバッチリ

韓国風豆乳豆腐そうめん

材料（1人分）

- 紀文「とうふそうめん風」——1パック
- サラダチキン——½個（55g）
- A｜白だし——大さじ1½
  　無調整豆乳——150mℓ
- 白菜キムチ——½パック（50g）
- 万能ネギ（小口切り）、いりゴマ（白）、ラー油——各適量

作り方

1. 「とうふそうめん風」はザルにあげてよく水気をきる。サラダチキンは手で細かく裂く。
2. 1の「とうふそうめん風」を器に盛り、合わせたAを注ぐ。サラダチキン、キムチ、万能ネギをのせ、ゴマを散らしてラー油を回しかける。

豆腐そうめん鶏そば

材料（1人分）

- 紀文「とうふそうめん風」——1パック
- サラダチキン——½パック（55g）
- ゴマ油——小さじ1
- 万能ネギ（小口切り）、ラー油——各適量

作り方

1. 「とうふそうめん風」はザルにあげてよく水気をきり、ボウルに入れる。
2. サラダチキンを手で細かく裂いて1に加え、付属のつゆ、ゴマ油も加えてよく混ぜる。
3. 器に盛り、万能ネギを散らしてラー油を回しかける。

調味料はゴマ油だけ！さっぱりツルツルいけて罪悪感ゼロ

サバ缶の冷や汁そうめん風豆腐

宮崎グルメを食べごたえ満点のやせレシピに

材料（1人分）

- 紀文「とうふそうめん風」——1パック
- サバ水煮缶——½缶（95g）
- A｜白だし——大さじ1
  　みそ——小さじ2
  　しょうが（チューブ）——4cm
  　冷たい水——150mℓ
- 冷凍オクラ——½袋（75g）
- 七味唐辛子（好みで）——適量

作り方

1. ボウルにサバを汁ごと入れ、Aを加える。サバの身を崩しながら、よく混ぜる。
2. オクラは表示通りにレンジで解凍し、水気をよくきる。
3. 「とうふそうめん風」をザルにあげて水気をよくきり、器に盛る。1のスープをかけて2をのせる。好みで七味をふる。

疲れて帰ってきて、一刻も早く腹と心を満たしたい。でも太るのは嫌だ…！
そんなわがままな皆さんのご要望にもしっかりお応えします。
タンパク質豊富な食材も多いので、筋トレ飯にもオススメです！

圧倒的に低糖質で簡単で超ウマい、奇跡のグラタン

カップスープ豆腐グラタン

 バズった！

材料（1人分）

豆腐（絹ごし）——150g
好みのポタージュスープ（粉末）——1袋
スライスベーコン（細切り）——30g
黒コショウ——適量
ピザ用チーズ——30g
ドライパセリ（あれば）——適量

作り方

1. ボウルに豆腐、ポタージュ、ベーコン、黒コショウを入れて、よく混ぜる。
2. 耐熱皿に1を移し、チーズをのせてオーブントースター（1000W・200℃）で焼き目がつくまで約8分焼く。あればパセリを散らす。

粉末のポタージュがホワイトソース代わりに。豆腐がなめらかになるまでよく混ぜて

サバみそきつねピザ

バズった！

材料（1～2人分）

油揚げ——2枚
サバみそ煮缶——½缶（95g）
マヨネーズ——大さじ1½
刻み白ねぎ——½袋（20g）
ピザ用チーズ——40g
万能ネギ（小口切り）、七味唐辛子、めんつゆ（3倍濃縮）
　——各適量

作り方

1. サバみそ煮缶は汁ごとボウルに入れ、マヨネーズ、白ねぎと混ぜる。
2. 油揚げに1、ピザ用チーズを順に等分してのせる。
3. オーブントースター（1000W・200℃）で焼き目がつくまで約10分焼く。器に盛り、万能ネギを散らし、七味、めんつゆをかける。

油揚げに塗りやすいよう、サバの身を崩しながらよく混ぜる

照り焼きピザが食べたいけど、太りたくない人に！

サラダチキンの オリーブオイルコールスロー

オリーブオイルと青ジソが爽やか！

材料（1人分）

サラダチキン——1個（110g）
コールスロー——1袋
オリーブオイル——大さじ1½
青ジソドレッシング——1袋
ドライパセリ（あれば）——適量

作り方

1. サラダチキンは手で細かく裂く。
2. コールスローの袋に 1、オリーブオイル、ドレッシングを入れてよく混ぜる。あればパセリを散らす。

ボウルは使わず袋で混ぜるだけなので、洗い物はほぼゼロ！

バズった！
お酢チキンめかぶ

材料（1人分）

サラダチキン——½パック（55g）
味付けめかぶ——1パック
酢——小さじ2
万能ネギ（小口切り）——適量

作り方

1. サラダチキンは手で細かく裂く。
2. ボウルに 1、めかぶ、酢を入れて混ぜる。
3. 器に盛り、万能ネギをのせる。

材料これだけで上品な酢の物が即完成！

オクラのタネが米粒風!
低糖質で栄養満点

サラダチキンとオクラの中華がゆ

材料（1人分）

冷凍オクラ —— 1袋（150g）
サラダチキン —— ½個（55g）
A｜中華調味料（ペースト）—— 小さじ1弱
　｜黒コショウ —— 適量
　｜水 —— 240㎖
ゴマ油 —— 小さじ1½

作り方

1. オクラは表示通りにレンジで解凍して、みじん切りにする。サラダチキンもみじん切りにする。
2. 鍋に1、Aを入れて中火にかけ、サラダチキンがやわらかくなるまで煮込む。
3. 器に盛り、ゴマ油を回しかける。

米粒大に刻むことで、しっかりお米を食べているかのような満足感が得られる

冷凍ブロッコリーの卵がゆ

バズった！

材料（1人分）

冷凍ブロッコリー —— 1袋（140g）
A｜白だし —— 大さじ2
　｜水 —— 240㎖
B｜片栗粉 —— 小さじ2
　｜水 —— 小さじ4
卵 —— 1個
塩、ゴマ油（好みで）—— 各少し

作り方

1. 冷凍ブロッコリーは表示通りにレンジで解凍し、キッチンバサミで細かく切る。
2. 鍋に1、Aを入れて中火にかける。沸騰したら合わせたBを加えて混ぜる。
3. とろみがついたら溶き卵を流し入れ、火を止める。卵が固まったら全体を混ぜる。塩で味をととのえ、好みでゴマ油をかける。

卵を入れてもすぐに混ぜるのは我慢。固まってから混ぜることで、きれいなかき玉に

低脂質・低糖質、高たんぱくで簡単旨い！
パーフェクトやせ飯

濃厚な豆腐に特製ドレッシングでおしゃれに！

豆腐バーのカルパッチョ

材料（1人分）

豆腐バー（和風だし）——1パック
A｜オリーブオイル——小さじ1½
　｜しょうゆ——小さじ½
　｜にんにく（チューブ）——少し
黒コショウ、ドライパセリ
（あれば）——各適量

作り方

1. 豆腐バーは斜めに薄くスライスし、器に盛る。
2. 合わせたAを回しかけ、黒コショウ、あればパセリをふる。

斜めに包丁を入れることで、切ったときの長さが揃いやすくなる

PART

5

一日を締める！
至福のデザート

コンビニと言えばデザートも忘れちゃいけません。
各社、目移りしてしまうような新作スイーツもあるけれど、
自分で簡単にアレンジしたスイーツを楽しむのもまたオツなもの。
意外な組み合わせでまったく新しいスイーツに生まれ変わる
面白メニューをご紹介！

ひんやり
アイス
アレンジ

軽率に天国に行けちゃいます…

ホロホロのクッキーとほのかな塩気！

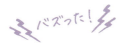

極上のブルーベリーソース

> 甘味のあるヨーグルト、牛乳プリン、フレンチトーストや紅茶にかけてもOK！

材料（1人分）

冷凍ブルーベリー —— 1袋（130g）
砂糖 —— 大さじ1½
バニラアイス —— 適量
ミントの葉（あれば）—— 適量

作り方

1. フライパンにブルーベリー、砂糖を入れて弱火にかけ、ブルーベリーを潰しながら熱し、とろみが出たら火を止めて冷ます。
2. 器に盛ったバニラアイスにかける。あればミントを飾る。

写真のようなとろみが出るまで、じっくり弱火で加熱する

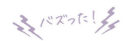

シーソルトクッキー＆クリーム

> バター風味にアイスのミルク感で高級アイス越えます

材料（1人分）

バニラアイス —— 1個（200mℓ）
セブン-イレブン「バタークッキー」—— 3枚
塩 —— ひとつまみ

作り方

1. ボウルにアイスクリームを入れ、クッキーを手で割り入れながら加え、よく混ぜる。
2. 塩を加えてさらによく混ぜる。

SNS映え間違いなし！ おつまみが大変身

材料（1人分）

バター——5g
はちみつ——大さじ2
ミックスナッツ——1袋（43g）

作り方

1. フライパンにバター、はちみつを入れて中火で熱する。

2. 茶色くなったらミックスナッツを加えて絡めながら炒め、キャラメル状になったらアルミ箔の上に取り出して広げ、粗熱を取る。

3. 冷蔵庫で約30分冷やし固め、手で食べやすく割る。

ナッツを加え、写真のようなキャラメル状になったら火を止める。焦がさないように注意

30分ほど冷やすとよく固まる。お好きなサイズに割ってどうぞ！

キャラメルバターナッツ

スーパープッチンプリンシェイク

バズった！

材料（1人分）
バニラアイス——1個（200mℓ）
江崎グリコ「Bigプッチンプリン」
——1個（160g）
ミントの葉（あれば）——適量

作り方
1. 耐熱ボウルにアイスを入れ、電子レンジ（600W）で約20秒加熱する。
2. プリンを加え、泡だて器などで全体がなめらかになるまでよく混ぜる。
3. 器に盛り、あればミントを飾る。

好みで牛乳を少し加えると、甘さ控えめにもできる

お家シェイクは、もうずっとこれでいい…

カスタードパイ風プリン

バズった！

材料（1人分）
ロッテ「パイの実」——6個
江崎グリコ「Bigプッチンプリン」
——1個（160g）

作り方
1. 「パイの実」を手で砕いてプリンにのせるだけ！

あきれるほど簡単で、笑っちゃうほど激旨！

これにバニラアイスのせたらほぼプリンパフェです

食材別 INDEX

●=混ぜるだけでできるもの
●=レンジでできるもの

肉・肉加工品

餃子
- ●悪魔のネギマヨ納豆餃子 …… 13

サラダチキン
- サラダチキンチーズガレット …… 11
- ●ハニーマスタードチキンサンド …… 36
- ●サラダチキン爆弾丼 …… 43
- ●ほうれん草サラダチキンカレー …… 46
- ●低糖質デパ地下風ブロッコリーサラダ …… 61
- 鶏パイタンつけそうめん …… 72
- ●韓国風豆乳豆腐そうめん …… 84
- 豆腐そうめん鶏そば …… 84
- ●サラダチキンのオリーブオイルコールスロー …… 86
- ●お酢チキンめかぶ …… 86
- サラダチキンとオクラの中華がゆ …… 87

スライスベーコン
- ベーコンチーズハッシュ …… 12
- サッポロ一番冷やしトマトラーメン …… 24
- ポパイラーメン …… 25
- ●彩りペペロンうどん …… 31
- ●ポパイ焼きそば …… 33
- なすのオーロラピザトースト …… 35
- カルボトースト …… 35
- 中濃ソースコールスロー …… 57
- 揚げなすのペペロンチーノ炒め …… 59
- 冷凍ほうれん草とベーコンのソテー …… 62
- カップスープ豆腐グラタン …… 85

ソーセージ・チョリソー
- ●チョリサラ …… 57
- 揚げなすのチーズ焼き …… 58

ハム
- だし巻き玉子の生ハム巻き …… 11
- ジェノバ風そうめん …… 22
- ●ハムエッグブロッコリーサンド …… 37
- ●揚げなすと生ハムのタバスコマリネ …… 74

ホットスナック

ハッシュドポテト
- ベーコンチーズハッシュ …… 12

ビッグフランク
- ビッグフランクのテリマヨチャーハン …… 49
- ビッグフランクのポトフ風 …… 68

やきとり
- ●やきとりのサテ風ゴマソース …… 65
- ●からしタルタルやきとり …… 65

魚介・魚加工品・海藻類

いかそうめん
- いか玉スープ …… 20
- サッポロ一番いか塩バターらーめん …… 25
- いかそうめんダシの本格中華がゆ …… 51
- ●いかオクラ …… 63
- ●チャンジャ風いかキムチ …… 79

海鮮スティック
- 世界一簡単な海鮮ロール …… 15
- ●カリフォルニア丼 …… 45

カットワカメ
- ワカメチャーハン …… 49
- ●ワカメとツナの秒殺和え …… 78

辛子明太子
- 冷やし明太豆乳そうめん …… 23
- 冷やし明太マヨそば …… 32
- ●明太納豆ユッケ …… 82
- 冷凍揚げなすの明太炒め …… 82

魚肉ソーセージ
- 給料日前焼きそば …… 33
- 給料日前ステーキ丼 …… 42

鮭フレーク
- ●鮭バター豆腐丼 …… 41
- ●ブロッコリーの鮭ゆかり和え …… 61

しらす干し
- ●しらす納豆ユッケTKG …… 39
- 無限ゆで卵 …… 75

めかぶ
- ●ネバトロうどん …… 31
- ●めかぶ豆腐丼 …… 41
- ●めかぶドレッシングサラダ …… 56
- ●オクラとめかぶの酢の物 …… 63
- ●めかぶサンラータン …… 71
- ●お酢チキンめかぶ …… 86

もずく
- ●キムチのもずく和え …… 79

野菜・野菜加工品

岩下食品「岩下の新生姜」
- ●ツナマヨ新生姜 …… 78

カット野菜
- ●めかぶドレッシングサラダ …… 56

刻み白ねぎ
- サッポロ一番海老シューマイ塩そば …… 24
- サバみそきつねピザ …… 85

コールスロー
- ●ペッパービーフケバブライス …… 13
- ●チョリサラ …… 57
- ●サラダチキンのオリーブオイルコールスロー …… 86

千切りキャベツ
- 給料日前焼きそば …… 33
- ●ハニーマスタードチキンサンド …… 36
- 中濃ソースコールスロー …… 57
- ビッグフランクのポトフ風 …… 68

白菜キムチ
- 石焼きビビンバ風ツナチャーハン …… 48
- ●チャンジャ風いかキムチ …… 79
- ●キムチのもずく和え …… 79
- ●韓国風豆乳豆腐そうめん …… 84

ポテトサラダ
- 濃厚ポテサラポタージュ …… 69

冷凍揚げなす
- ●レンジで作るシチリア風パスタ …… 17
- 揚げなす汁うどん …… 30
- なすのオーロラピザトースト …… 35
- 揚げなす丼 …… 45
- ●ファミチキンカレー …… 46
- 揚げなすのチーズ焼き …… 58
- 揚げなすのペペロンチーノ炒め …… 59
- ●揚げなすと生ハムのタバスコマリネ …… 74
- ●冷凍揚げなす冷や奴 …… 80
- 冷凍揚げなすの明太炒め …… 82

冷凍インゲン
- ●無限ツナマヨ冷凍インゲン …… 19

冷凍枝豆
- だし漬けわさび枝豆 …… 14

冷凍オクラ
- ●サバ缶と冷凍オクラの塩なめろう …… 19
- ●ネバトロうどん …… 31
- ●とろたまオクラ納豆丼 …… 39
- ●サラダチキン爆弾丼 …… 43
- ●オクラとめかぶの酢の物 …… 63
- ●いかオクラ …… 63
- ●ツナとオクラのラーポン冷や奴 …… 80
- ●サバ缶の冷や汁そうめん風豆腐 …… 84
- サラダチキンとオクラの中華がゆ …… 87

冷凍肉入りカット野菜
- ●野菜油うどん …… 16

冷凍ほうれん草
- ポパイラーメン …… 25
- 冷凍ほうれん草のくたくたパスタ …… 29
- ●ポパイ焼きそば …… 33
- ●ほうれん草サラダチキンカレー …… 46
- 石焼きビビンバ風ツナチャーハン …… 48
- ●無限冷凍ほうれん草 …… 62
- 冷凍ほうれん草とベーコンのソテー …… 62
- 冷凍ほうれん草の卵スープ …… 71

冷凍ブロッコリー
- ●エビマヨブロッコリーサンド …… 18
- サッポロ一番冷やしトマトラーメン …… 24
- ●彩りペペロンうどん …… 31
- 冷やし明太マヨそば …… 32
- ●ハムエッグブロッコリーサンド …… 37
- ●カリフォルニア丼 …… 45
- 冷凍ブロッコリーのチーズリゾット …… 50
- ブロッコリーとしたらばのガリバタソテー …… 60
- ●低糖質デパ地下風ブロッコリーサラダ …… 61
- ●ブロッコリーの鮭ゆかり和え …… 61
- ブロッコリーとサバ缶の豆乳ポタージュ …… 69
- 冷凍ブロッコリーの卵がゆ …… 87

卵・乳製品

牛乳
- 濃厚ポテサラポタージュ …… 69
- ピザグラタン …… 76

スライスチーズ
- ●悪魔のチーズチリポテト …… 10
- ベーコンチーズハッシュ …… 12
- ●ファミチキチーズバーガー …… 34
- なすのオーロラピザトースト …… 35

だし巻き玉子
- だし巻き玉子の生ハム巻き …… 11

卵
- ●野菜油うどん …… 16
- ●サバ缶と冷凍オクラの塩なめろう …… 19
- いか玉スープ …… 20
- サッポロ一番みそバター油そば …… 26
- 白身のスープ …… 26
- 悪魔の釜玉そば …… 32
- カルボトースト …… 35
- ●ハムエッグブロッコリーサンド …… 37
- 半熟たまごかけごはん …… 38
- ●しらす納豆ユッケTKG …… 39
- ●とろたまオクラ納豆丼 …… 39
- ●納豆腐丼 …… 40
- ●サラダチキン爆弾丼 …… 43
- ●サンマ蒲焼きの卵とじ丼 …… 43
- サバ缶そぼろ丼 …… 44
- 揚げなす丼 …… 45
- 石焼きビビンバ風ツナチャーハン …… 48
- ワカメチャーハン …… 49
- ビッグフランクのテリマヨチャーハン …… 49
- 中華風納豆雑炊 …… 51

●低糖質デパ地下風ブロッコリーサラダ……61
●からあげクン親子丼……64
●からしタルタルやきとり……65
サバ缶の柳川風……67
めかぶサンラータン……71
冷凍ほうれん草の卵スープ……71
無限ゆで卵……75
●明太納豆ユッケ……82
冷凍ブロッコリーの卵がゆ……87

煮卵
鶏パイタンつけそうめん……72

ピザ用チーズ
サラダチキンチーズガレット……11
カルボトースト……35
●冷凍ブロッコリーのチーズリゾット……50
揚げなすのチーズ焼き……58
ピザグラタン……76
カップスープ豆腐グラタン……85
サバみそきつねピザ……85

豆加工品

油揚げ
サバみそきつねピザ……85

紀文「とうふそうめん風」
●韓国風豆乳豆腐そうめん……84
●豆腐そうめん鶏そば……84
●サバ缶の冷や汁そうめん風豆腐……84

豆腐
●納豆腐丼……40
●めかぶ豆腐丼……41
●鮭バター豆腐丼……41
●麻辣麻婆カレー……47
●冷製豆腐トマトスープ……70
●冷凍揚げなす冷や奴……80
サバ缶肉みそ豆腐……80
●ツナとオクラのラーポン冷や奴……80
カップスープ豆腐グラタン……85

納豆
●悪魔のネギマヨ納豆餃子……13
●ネバトロうどん……31
●しらす納豆ユッケTKG……39
●とろたまオクラ納豆丼……39
●納豆腐丼……40
●サラダチキン爆弾丼……43
中華風納豆雑炊……51
●明太納豆ユッケ……82

無調整豆乳
明太クリーム豆乳茶漬け……15
冷やし明太豆乳そうめん……23
海苔わさびクリームパスタ……28
●冷凍ブロッコリーのチーズリゾット……50
ブロッコリーとサバ缶の豆乳ポタージュ……69
●韓国風豆乳豆腐そうめん……84

缶詰

サンマ蒲焼缶
●サンマ蒲焼きの卵とじ丼……43

サバ水煮缶
●サバ缶と冷凍オクラの塩なめろう……19
サバ汁そうめん……23
サバ缶そぼろ丼……44
●サバカレー……47
サバ缶のゆかり揚げ……66
サバ缶の柳川風……67
ブロッコリーとサバ缶の豆乳ポタージュ……69
サバ缶肉みそ豆腐……80

●サバ缶の冷や汁そうめん風豆腐……84

サバみそ煮缶
サバみそきつねピザ……85

ツナ缶
●レンジで作るシチリア風パスタ……17
●無限ツナマヨ冷凍インゲン……19
石焼きビビンバ風ツナチャーハン……48
●無限冷凍ほうれん草……62
●ワカメとツナの秒殺和え……78
●ツナマヨ新生姜……78
●ツナとオクラのラーポン冷や奴……80

冷凍食品

冷凍海老シューマイ
サッポロ一番海老シューマイ塩そば……24

冷凍チャーハン
●卵スープチャーハン……52

冷凍ピザ
ピザグラタン……76

冷凍ブルーベリー
極上のブルーベリーソース……90

インスタント・レトルト食品

お茶漬けの素
●ペッパーバター茶スパ……29

サッポロ一番
サッポロ一番冷やしトマトラーメン……24
サッポロ一番海老シューマイ塩そば……24
サッポロ一番いか塩バターらーめん……25
ポパイラーメン……25
サッポロ一番みそバター油そば……26
白身のスープ……26

日清食品「純豆腐　スンドゥブチゲ」
●カップスンドゥブクッパ……53

フリーズドライスープ
●卵スープチャーハン……52

粉末ポタージュスープ
カップスープ豆腐グラタン……85

レトルトカレー
●カレーつけ麺……27
●サバカレー……47

その他

おにぎり
明太クリーム豆乳茶漬け……15
世界一簡単な海鮮ロール……15

カレーパン
●チキンカレーパン……34

カレールウ
●ほうれん草サラダチキンカレー……46
●ファミチキンカレー……46
●麻辣麻婆カレー……47

ごはんですよ
海苔わさびクリームパスタ……28

チータラ
チータラのイカダ焼き……77

天かす
悪魔の釜玉そば……32
●めかぶ豆腐丼……41

トマトジュース
●レンジで作るシチリア風パスタ……17
サッポロ一番冷やしトマトラーメン……24
●冷製豆腐トマトスープ……70

ロッテ「パイの実」
カスタードパイ風プリン……93

バニラアイス
●アイスバーガー……20
極上のブルーベリーソース……90
●シーソルトクッキー＆クリーム……90
●スーパープッチンプリンシェイク……93

江崎グリコ「Bigプッチンプリン」
カスタードパイ風プリン……93
●スーパープッチンプリンシェイク……93

味の素「サラダチキンで作る参鶏湯」
鶏パイタンつけそうめん……72

味の素「麻辣麻婆豆腐」
●麻辣麻婆カレー……47

ミックスナッツ
●アイスバーガー……20
キャラメルバターナッツ……92

ゆかりふりかけ
●ブロッコリーの鮭ゆかり和え……61
サバ缶のゆかり揚げ……66

セブンイレブン限定

あえるだけのパスタソース バジル＆チーズ
ジェノバ風そうめん……22
バジルジャーマン……54

自然な味わい フライドポテト
●悪魔のチーズチリポテト……10

シンプルが旨いカップ炒飯
ふかひれチャーハン……52

海老蒸し餃子
●エビマヨブロッコリーサンド……18

じゃがいもとベーコン
バジルジャーマン……54

豆腐バー
豆腐バーのカルパッチョ……88

鶏ぞうすい
●カップスンドゥブクッパ……53

7種の野菜ミネストローネ
トマトバターリゾット……53

バター香る海老ピラフ
トマトバターリゾット……53

ふかひれスープ
ふかひれチャーハン……52

バタークッキー
●シーソルトクッキー＆クリーム……90

発酵バター入りホットビスケット
●アイスバーガー……20

ペッパービーフ
●ペッパービーフケバブライス……13

野菜と大豆ミートのタコスミート
●悪魔のチーズチリポテト……10

ファミリーマート限定

デミグラスソースのハンバーグステーキ
●ファミチキチーズバーガー……34

ファミチキ
●チキンカレーパン……34
●ファミチキンカレー……46

ファミチキバンズ
●ファミチキチーズバーガー……34

ローソン限定

からあげクン
●からあげクン親子丼……64

ホルモン鍋
煮込みホルモンうどん……83

リュウジ　RYUJI

料理研究家。
TV・漫画のレシピ監修や、食品メーカー、大手スーパーマーケット等とのタイアップによるレシピ開発、自治体での講演を多数手がける。
「今日食べたいものを今日作る!」をコンセプトに、Twitterで日夜更新する「簡単・爆速レシピ」が人気を集め、SNS総フォロワー数は500万人を突破。料理動画を公開しているYouTubeの登録者数は205万人超。
2018年に『やみつきバズレシピ』(扶桑社)、2019年に『バズレシピ 太らないおかず編』(扶桑社)が料理レシピ本大賞[料理部門]に2年連続入賞。2020年、『ひと口で人間をダメにするウマさ! リュウジ式 悪魔のレシピ』(ライツ社)で同賞料理部門の大賞を受賞。著書は累計95万部を超える。

Twitter　@ore825
Instagram　@ryuji_foodlabo
YouTube　「料理研究家リュウジのバズレシピ」
HP　「バズレシピ.com」https://bazurecipe.com

STAFF
撮影　難波雄史
スタイリング　木村柚加利
調理アシスタント　双松桃子
ブックデザイン　mocha design
編集・構成　金谷亜美
企画・編集　渋谷祐介

お手軽食材で料理革命!
リュウジのコンビニレストラン

2021年8月4日　第1刷発行

著　者　リュウジ

発行人　蓮見清一
発行所　株式会社宝島社
　〒102-8388　東京都千代田区一番町25番地
　営業　03-3234-4621
　編集　03-3239-0928
　https://tkj.jp

印刷・製本　株式会社光邦

本書の無断転載・複製を禁じます。
乱丁・落丁本はお取り替えいたします。
©Ryuji 2021
Printed in Japan
ISBN978-4-299-01848-9